億万長者マダムの秘伝レッスン

# お金持ちと結婚するための75日間プログラム

芦澤多美

マガジンハウス

# お金持ちと結婚するための75日間プログラムへ、ようこそ！

この本は、あなたがお金も愛も豊かにあふれる結婚するために何をすればよいのか、を記した実践プログラムです。お金があるだけではない、旦那様との調和のとれた愛ある結婚（私はこれを「ハーモニーリッチ婚」と呼んでいます）を目指す宝の地図なのです。この地図で1歩1歩、ゆっくり焦らず歩んでいけば、その先には、ハーモニーリッチ婚という現実がやってきます。お金持ちと結婚するのに、しんどい努力や年齢制限、あなた自身を否定するような思考、ダイエット・整形も必要ありません！　あなたは今すでに十分魅力的です。豊かに美しいドレスをまとい、愛する彼を支える素晴らしい使命を持って生まれてきたのです。今はこのことが信じられなくても、このプログラムを実践していくうちに、日々実感してくることでしょう。

この本に登場する4人の女性たちは、美女でもなければお金持ちでもありません。ただ、彼女たちがほかの女性と違うのは、お金持ちとハーモニーリッチ婚がしたいという願いを、強く素直に持ったことです。そしてこのプログラム通りにマイペースな日々を楽しく過ごしていきました。その先に、素敵な出会いが生まれます。

　彼との甘いハーモニーリッチ婚に向けて、あなたも準備を整えていきましょう。それはあっけに取られるほど簡単なこと。今の自分を肯定し、本当の自分を発見し、自分が幸せだと思えることを探していくだけです。今の自分を認めながら、許しながら、豊かにキラキラと過ごす方法を学んでいくのです。そして必然的に、素敵なお金持ちと出会うのです。〝人生は楽しく素晴らしい！〟と思っているあなたにこそ、素敵な男性が現れるのです。

　私は小学校2年生の時から、実家である大阪の高級すし店に訪れるお金持ち女性たちにインタビューを繰り返してきました。その後も25年以上研究を続け、成功体験も確認してきました。それを「75日間プログラム」という宝地図にギュッと凝縮したエッセンスが本書です。私もこのプログラムを日々習慣とし、ハーモニーリッチ婚をして、愛も富もどんどん加速度的に広がり、幸せをパワーアップしながら楽しく過ごしています♪　このメソッドは結婚を目指す方ばかりでなく、すでに結婚された方にも有効です。

「お金持ちとの結婚」を目指すことは、別に恥じらうことでも後ろめたいことでもありません。それはなぜなのでしょう？　社会に対して大きな役割を持つリッチな彼は、献身的な女性のサポートを心から求めています。つまり、彼を支えるあなたも、社会的に大きな役割を果たしていることになるのです。彼の求めに応じることが、社会のためになる。これは素晴らしいことではありませんか！

この本では、男性へのアプローチの仕方、どこで出会うのか、といったことには焦点を当てていません。なぜなら、このプログラムをこなしたあなたが、気分のいいときに、行きたいところに出かける、するとそこで出会ってしまうからです！　そこでリラックスした時間を過ごしているあなたの存在に、男性は惹かれてしまうのです！

そんなあなたになれる素敵なヒントが、このプログラムにたくさん登場します。実践すれば、何度でもリッチな出会いや人生が訪れます。前著『お金持ちと結婚する方法』の読者の多くが、すでにびっくりするような素敵で豊かな男性と結婚したり、お付き合いを始めています。早い人では、本を読んでから2週間で某官庁勤務の男性からプロポーズされた、と連絡があり、そのあと半年でご結婚されたそうです。これからの国を支えるご主人を、しっかり支えていかれることでしょう。

『お金持ちと結婚する方法』を出版して8カ月ほど経った頃から、「結婚しました」「ハーモニーリッチな方からプロポーズされました」という報告が山のように届くようになりました。この方々に共通するのは、少女のように心が素直でかわいく、ハーモニーリッチ婚をするのは必然だと思っていたことです。何の疑いもなく、〝彼に私は求められ、妻として彼を支える自分は社会貢献をしている〟と考えています。ハーモニーリッチ婚をして夫を支え続けていくのも、立派なお仕事のひとつです。

お医者様と結婚したある読者は、主婦業はフルタイムの仕事そのものだと言います。早朝3時に緊急オペ依頼の電話が鳴り、急いで送り出す。連日連夜病院にこもっているので、子育ても一人でこなしながらしっかり家庭を守り、病院にお弁当の差し入れをしています。とてもハードな日々の中で旦那様が過ごす、束の間の温かなくつろぎの時間は、どれほど安らぎを与えることでしょう。彼女の役割は、彼の幸せ、ひいては社会の幸せのお手伝いとも言えますね！

ではいよいよ、素敵な彼と社会貢献をしていく素晴らしいあなたに、このプログラムをご案内する時がやってきました！　このプログラムをマスターしたあなたは、一生ハーモニーリッチな世界の住人として、世の中に光を与え続ける輝かしい存在です。では、愛と富が雪崩のように押し寄せてくる、キラキラピンクのドアを開きます♪　どうぞ、ゆったりとお楽しみください♪　いってらっしゃい！

素晴らしいあなたに光と愛をこめて☆

芦澤多美

Index

# Index

day 01

# 自分と親友になる！

## 自分自身が世界で一番の美しいお花だから！

今日も私はいつものコーヒーハウス〈リヨン〉に行く。暑いので、頼むのはこれもいつもの特製宇治金時かき氷だ。

席に座ると、きよちゃんがオーダーを取りに来た。きよちゃんはつい最近、会社をリストラされた。それで高級住宅街にある親戚が経営しているこのコーヒーハウスでバイトをしているのだ。かき氷のオーダーを取るやいなや、最近よく話している「ハーモニーリッチ婚」について聞きにやってきた。きよちゃんが私の席から離れない。

「多美さん、先日はありがとうございました。私、ぜったいお金持ちと結婚したいんです。だけど、多美さんが勧めるキラキラ、つやつやしたスタイルってとにかく苦手なんです。ピンク色の服なんかも着れません」

「きよちゃん、本当にお金持ちと結婚したいの？　こないだもキラキラにしたとたん、大泣きやん。なんかあった？」

「母から『地味にし！　派手になってはだめ！　化粧もだめ！　あんたもっと勉強せなあ

かん、もっとがんばらなあかん』って言われて育ってきました。それでがんばってがんばってきたのに、会社はリストラされるし、何もかもうまくいかないです。私みたいなのが多美さんを見習ってキラキラすること自体もう、『頭おかしいんちゃうん？』なんてお姉ちゃんや母に言われそうで、恥ずかしいんです」

「は～っ、そうか。大変だったね。でもお金持ちと結婚する以前に、独身で生きていったとしても、**まずは自分を大切にすることから人生って始まる**、と思うねん。結婚ってさ、お母さんからもお姉さんからも誰からも独立独歩の精神が大切なのね。きよちゃんはお花のような子なんだから、自分からいつも『私みたいな子が…』と卑下するのは楽しくないやん？『私なんか地味』と思いながらキラキラにするのは難しいねん」

「はい。わかります」

と目を少しキラリとさせて、きよちゃんが身を乗り出す。

「わかってくれる？　よかった～。これで半分ぐらいは今日のレッスン終わりやね（笑）。花だって、『きたない花』って言われて泥水かけられて育つのと、『綺麗なお花ねえ～』と言われて育つのでは成長も違うやん。女は花なんやで。ここがとにかく、一番大切なことやから！　私も自分のことを否定しながらがんばってたときは、なんにもいいことなかったわ。ただキラキラファッションだけやってても見た目がかっこよくない。わかるかな？自信がないと、どんなに派手でつやキラしたリッチファッションしても垢抜けないし、イケてないやんそれ！　みたいな感じやね」

　リヨンのオーナーの娘、恵美子ちゃんもやってきた。

「いつもきよちゃんって猫背やん。猫背もあかんよね、多美さん。お金持ちになりたくてキラキラしてるのに、ふてくされてたりおろおろしてたら、せっかくのつやキラファッションも活きひんよね～」

　恵美子ちゃんは35歳、銀行に勤めるＯＬだ。ハードワークのため体を壊し、休職中。この間からつやつやキラキラファッションを実践している。「もういい加減早く結婚する」が口癖で、いつも私の話を必死になって聞いている。

「じゃあ、多美さんはいつも、そんな感じで自分のことお花とか思ってるの？　やっぱり多美さんって特別やわ～。私、そんなふうに笑えへんし。なんかもうこの年だし、鏡見ては『はあ～』って感じやん」

「ちょっと待ってよ。私だけが特別？　誰だって、ラッキーとかお金持ちと結婚とかいい人生とかって、思い込みでゲットするしかないやん？　そう考えれば誰でも特別やねん。やっぱり〝自分が世界で一番綺麗なお花〟って思わなかったら先に進めない。わかる？　そのスタートの時点から『もう年やし』とか言ってたら、人生80年も生きるのに、どうなるのよ？」

「じゃあ、私これから変わる！　自分のことを大切にする。お花やと思うことにするわ！

そっちのほうが生きてても気持ちがいいわ」

　と、恵美子ちゃん。

「私の知り合いの女の子も、最初こういう話をしたとき、『これで私、大丈夫ですか？　多美さん、お金持ちと結婚できますか』と聞いてきたけど、私はただただ励まし続けたんよ。毎日、毎日、朝から晩まで〝そのまんまがいいねん〟って。〝ほんまにステキ！〟って言うてたら、みんな見る見る垢抜けてきて、自信がついて姿勢からガラッと変わったんよ。だからほんまに一番大事なことは、きよちゃんや恵美子ちゃんが**輝くのになんの根拠もいらん！**　ということ。お母さんは心配して『がんばれ！』と言うてるだけ。まあ、お母さんを許してあげて、ここからは自分が自分の一番の友達になってあげて、自分を励ますねん。そこからしか、お金持ちになるとか幸せな結婚のスタートってないと思うねん」

「自分自身をお花だと思うようにしてみます」

「そう、大丈夫よ。このプログラムやったら数カ月以内に人生がころっと変わるから！」

「何ですか、そのプログラムって？」

「いや、ベタでアホみたいやん？　〝自分はお花〟って思うとかさ。けど私、豊かになりたい！　お金持ちと結婚したい、と思って始めた最初の行動は『**私はお花、私は世界で一番の友達♪**』とかぶつぶつ１００回言って、**根拠のない自信を育てる**ことだったの。こんな簡単な方法を繰り返してるうち、主人と知り合って結婚したのね。私が小さいときに、両親の知り合いで私が〝林さんの奥さん〟って呼んでいた人がいたの。私はこの人を自分の〝結婚の師匠〟に決めて、いろんなことを教わったんだけど、同じように彼女が教えてくれたことをやったたくさんの女性がお金持ちになったり、お金持ちと結婚したりしたのね。学歴もいらんし、自分自身が変わればいいというだけで、ほとんどお金もかからない超お得なプログラムでさ。大人になった私がその〝林プログラム〟をアレンジして実践したり、友達に応用したりしてお金持ちと結婚した、っていう実績があるんよ。まあ、素質がある人はたいてい75日以内に結果が出てるねん」

「え〜っ、それ、何ですか⁉　私やりたいです！　あっ、そうやわ、隣の〈ベネチアン〉の千春ちゃんも呼んできていいですか？」

「オーナーのお嬢さんの？」

〈ベネチアン〉とは、私たち夫婦がよく食事に行く高級住宅街にある気さくなカフェバー。地元のお金持ちなら知っている、ちょっと有名なお店だ。本格的な創作フレンチやおいしいカクテルが自慢なのだが、実はほかにも自慢できることが。ここ数年で私が知っているだけでも何人もの女性がお金持ちのお客さんと知り合いになり結婚しているのだ。ザ・リッチワールドという感じ。どこのリッチな街でも探せばある、素敵な男女が集う宝箱のようなお店。ただし、誰もそのことを口外しないし、話題にもしない。それが店と客の、大人の甘いシークレットなのだ。

「千春ちゃんも『素敵な結婚がしたい！』って言ってたの。やっぱり愛もマノロ・ブラニクもシャネルも好きな仕事も、**幸せは全部味わってみたいの！　多美さん、教えてください！　私たちにお金持ちと結婚する方法を！**」

こうして、女の子たちと、お金持ちと結婚するためのプログラムが始まった。

Today's Lesson

「私はお花、私はお花」と、毎日１００回ずつ言う。

day 02

# 私はお金持ちと結婚する資格がある！

## 口癖は自分の人生を変える、一番簡単な方法。

「多美さんは小学生の頃から、お金持ちと結婚すると決めてたって聞いたんですけど」

隣の〈ベネチアン〉オーナーの娘、千春ちゃんがリヨンにやってきて、唐突に私に聞いた。25歳の千春ちゃんはインテリアデザインの勉強をしながら、ときどき親の店のお手伝いをしている。

「小学生のときにね、私の憧れる林さんの奥さんがいきなり、赤いポルシェに乗ってシャネルのジャケットをはおり、抱えきれないほどの富と素敵な旦那様と愛を持って、幸せそうに目の前に現れたの。それからいろいろ教わった通りにしたら、結局私もそうなったんだよね」

「へえ～。多美さんはいつ見ても自分の思う通りの人生を生きてるって感じですね～。しかも簡単そうに。どうしたらそんなふうになれるんですか？」

千春ちゃんはいつも彼氏がいて、華やかでとてもかわいく頭もいい。セクシーでファッションも小悪魔系のミニスカート。スラ～ッと長い脚にマノロ・ブラニクのハイヒール。

だけど、なぜかいつも彼に大切にされなくて、この間も『恋愛にちょっと疲れている』と言っていた。

「私、すごく疑問なんです。自分で言うのも何ですけど、私って綺麗だし、若いし、まったく問題ないと思うんですよね。なのになんで私よりブスな子が、〝え〜‼〟っていうようなＭｒ．リッチとここで出会って結婚するんですか⁉　多美さん、教えてください！」

　本当に綺麗な千春ちゃんが、我を忘れて真剣な目で私に聞いてくる。

「千春ちゃんは自分のこと綺麗だって思っているよね？」

「はい、思ってます」

「綺麗だから顔とスタイルでほかの人よりもモテるはず。なのになぜ想う人には大切にされないのか？　それが千春ちゃんの疑問ね？」

「そうなんです！」

「じゃあ、千春ちゃん、今、なんて言った？　『ブスな子がＭｒ．リッチと結婚』って言ってたよ。それが無意識に千春ちゃんが思っていること。思ってることが現実になって目の前にあるだけ。それを変えていこう！　いい？　今日から一日１０００回こう言うの。『私はお金持ちと結婚する資格がある！』ってね」

「え⁉　ぎゃはははっ〜〜！　お腹が痛いです。１０００回そんなこと言うだけでいいんですか？」

と、さっきまで半泣きだった千春ちゃんときよちゃんは大爆笑し始めた！

「何、笑ってんのよ！　これ冗談じゃないよ。私の師匠の林さんの奥さんも同じ。お金持ちの街、芦屋で時給800円のバイトしてらして、そこで大富豪のご主人と出会った。私は林さんの奥さんから聞いたときは真剣で、笑おうとも思わなかったわ。その日から、『私はお金持ちと結婚する資格がある♪』とか言ってルンルンで楽しくやってたわね」

「へぇ～。素直すぎ。でも私、そんなこと言うのすごく抵抗があります。今までも『私は美人で頭がいい』とか唱えたり、いろいろやってたんですが、でも言ったとたんに違う！って思ってしまいます。多美さんが言うこともよくわかるんですけど、こんな私でもできるいい方法ってないんですか？」と、きよちゃんがすがるように聞いてきた。

「うん、あるよ」

「え～～～!!　教えてくださいよ！」

と、一同。

「簡単、簡単。文章で唱えることに抵抗がある場合、解決方法は〝単語だけを言うこと〟」

「タンゴ？」と千春ちゃん。

「そう、単語です！　例えば、『ハーモニーリッチ婚』と1000回言うよね。私は結婚した今も『ハーモニーリッチ婚』って単語を唱えているよ。そうすれば本当の意味がわかってくる。**ハーモニーは〝調和〟、リッチとは〝豊かなこと〟。素敵な旦那さんと仲よく、**

**調和をはかるからリッチになるってこと。**１０００回ぐらい唱えてたら、自分のとげとげしたところとかがま〜るくなってくるのがわかるんだよね。家族を大切にしながら豊かになっていく、究極の楽しい結婚だって気づくんだよね」

「確かに、お金持ちと結婚することも楽しいし、夢がいっぱいあるから私たちもこうして多美さんの話を聞いているんだけど、その先の〝じゃあ結婚してからどうするの？〟っていうハーモニーリッチ婚のビジョンまで見えてくるよね。その単語一つでね！」

　と恵美子ちゃんが言った。

「千春ちゃん、『ハーモニーリッチ婚』って１０００回唱えてみて。文章で言うよりも抵抗が少ないと思うよ。それだけで、きっとこれから、千春ちゃんが好きになる人も変わってくるから！　今まで千春ちゃんはお金持ちの人と付き合ってても大切にしてもらえない、まあはっきり言うなら遊びで終わっちゃうパターンや既婚の相手が多いって言ってたよね？　千春ちゃんがどんな男性を好きになるのかは千春ちゃんが口癖にしていることそのままなんだから、『ハーモニーリッチ婚』を口癖にすれば、温かくてリッチで千春ちゃんだけを大切にしてくれる人を好きになるし、彼もそんな千春ちゃんを好きになるよ！」

「わかりました！　今日からちょっと唱えてみます♪」

　千春ちゃんは目をうるうるさせながら笑顔で言った。

「それから、夜遅くメールで呼び出されても、しっぽ振って出かけないこと！　それはN

ｏ！　Ｎｏ！　危険コールだから！　体で高い授業料を払わされる。お金持ちで大切に愛してくれる人を見分けるには、そんな高い授業料払う必要ない！　ここでしっかり学んで賢くなってね！」

　と、私は結婚前の彼女たちの目をじっと見て言う。

「そう言えば、ゆうべも11時に『仕事が終わったから会いたい』って電話があって、彼の家まで行きましたよ。えっ、もしかしたら遊ばれてる？」

　と、顔面蒼白の千春ちゃん。

「これからは昼間に会うようにしたら、彼の本性がわかるよ」

「もう多美さんに出会ったんだし、なんとかなるって、千春ちゃん。ほかに何か多美さんのマジック単語ってある？　簡単に言うだけでお金持ちになったり、素敵なＭｒ．リッチと出会ったりするような。楽しすぎるやん、そんな人生！　私、聞いてみたい♪」

　場を和ませようと恵美子ちゃんが言う。

「簡単なんですか？　そんな簡単に望みなんて叶うんですかぁ」

　相変わらずボーッときよちゃんが聞いた。

「あんた、いつも水さすな～。水さし魔やんか！」

　千春ちゃんがちょっとムッとした。

「まあ、まあ、ケンカしんといてや。そうやで、簡単に望みは叶うんやで、きよちゃん。

もう、ここまできたら疑問もないねん。疑問に思う時間がただもったいなく感じるねん。な、きよちゃんも楽しく願いが叶う人生に目覚めたんなら、単語法！　ごちゃごちゃ考えない！　それだけで、富、成功、繁栄やねん！」

「え〜、ベタやな〜多美さん、ストレートすぎ〜！　ほんまに思うけど、多美さんって、なんでもストレートやんね。あんまりそんな人いないよ。『お金持ちと結婚する方法』とか『億万長者マダムの秘伝レッスン』とか、みんなが、え〜〜〜っ、と思う、でも実は本音で考えているようなことを、サーッと恥ずかしげもなく言っちゃったり、書いちゃったりするんだから」

　と、いつも鋭い恵美子ちゃん。

「多美さんは結局、素直なんだよね。旦那さんのたかさんとのやり取り聞いてても、ほんまに天然やねんもん。こないだも美術商のおじさんが『あの子独身？』って聞いてたよ。なんだかユニークな面白い人に好かれるんだよ。その、富、成功、繁栄って唱えて自分の中で温めていくと、そういうＭｒ．リッチが現れるんだね」

「富、成功、繁栄って掃除しながらも言ってる。あと、お手洗いに寝ぼけながら行くときも。ベビーカー押しながらも、とにかく言い続けるの」

「ベビーカー押すときまで…。執念やな（笑）」

　と、千春ちゃん。

きよちゃんがお母さんに部屋の掃除をしてもらってることを思い出し、私は言った。

「きよちゃん、そろそろ自分の部屋ぐらい自分で掃除してみようよ。それに、見られたらあかんもんとかセクシーなランジェリーとかないの？」

「えっ、ないです…。下着はお母さんと買いに行きます」

「ちょっと！　口癖も大事やけど、自分だけのシークレットな部分ってないの？　また今度、下着の件は話すけど、まず効果的なイメージを持つようにしようよ。例えば電車の中で、ほかに考えることがないときとか面白くないことが頭をよぎるとき、目をつぶってファーストクラスで移動してる自分をイメージしてみたり…」

「へえ～、ファーストクラスという言葉からしてもう、リッチな感じがしますね」

と、千春ちゃん。

「そうやねん。口癖や考えるイメージを変えるだけでも、人生はガラッときらびやかに変わっていく。うまくいく人やハーモニーリッチ婚した人はみんな知っているよ。今お金があるとかないとかは関係ないんやから」

**「ハーモニーリッチな口癖で、人生を自分で自在につくっていける**ってことですね！　好きなように人生をつくれるなんて、すごく安心します♪」

きよちゃんの目が輝いていた☆

Today's Lesson

「ハーモニーリッチ婚」と一日1000回唱える。
言葉が財産を生み、人生を変えるから。

day
03

# お気に入りのノートに理想を書く！

## 理想の彼がすぐに現れる、楽しい方法。

「去年のクリスマスに多美さんの家のパーティーに招待されたのね。その帰りのタクシーの中でとってても寂しくなったの。私も結婚がしたい、本当に私のことを大切にしてくれて、愛してくれる人と…って」

　と、恵美子ちゃんがせつなそうに言う。

「でも、お金持ちってなんだか奥さんを大切にしないイメージがあるわ。お母さんの友達は大変だったみたい。リッチマンと結婚すると、覚悟決めて耐えることが多くなるのかなあ。多美さん、どう思う？」

　と、きよちゃん。

「お金持ちと結婚したら覚悟決めて耐える？　そんなことないよ。楽しくなるのもならないのも、結局は自分次第ではないの？　もっとも、相手を思い通りにしようとすると、それがケンカのタネになるから、思い通りにしようなんて思わないことかな。**ハーモニーリッチ婚って、〝100%相手を思い通りにする結婚〟ではなく、〝100%相手を全面肯定**

**する結婚〟だよ**。私が結婚相手に求めたのは、家族や私を大切にしてくれて愛してくれることだから、そこで理想は叶っているわけで。〝お金持ちは家族を大切にしない〟というのはテレビとか週刊誌とかいろんなところで言われてることだけど、それを正しいときよちゃんが思い込んでいるだけなんだよ。だから、その思った通りの、家族を大切にしないお金持ちと出会うんだよね。でも私の出会ってきたお金持ちの人はみんな家族を誰よりも大切にしていたな。してない人はおそらく私の眼中に入らないようになっているんだね」

「それじゃあ、どうすればお金持ちで、家族を愛してくれて、みたいな人を見つけられるの？　そんな人に出会う方法ってあるの？」

と、恵美子ちゃんが聞いた。

「あるよ。リストを作るだけ。こんな人に出会いたい、こんな生活がしたいってリストに書いていけばいいの。ただ、非現実的すぎたり感情が伴わないものは、叶わない。非現実的すぎるっていうのは、『イギリスのお姫様になりたい』とか『ブラッド・ピットの妻になる』とか。そういうことを書いても叶わない」

「へぇ〜わかりました！　じゃあ、今日は理想の彼に出会うリストを作ってみたいと思います。手伝ってくれますか？」

と、恵美子ちゃん。

「いいよ。まず、ノートを用意したら、落ち着いて座って。そしてこう言ってください。

『私は自分を心から愛しまくります』。さあ、１００回どうぞ！」

「えっ〜〜、マジメに言うんですか？　いえ、言いますとも！　もう、恵美子はマジメに自分の人生をハーモニーリッチに変えるんだもん！」

　ちょっと恵美子ちゃん興奮気味…。そして、決心したように、

「私は自分を心から愛しまくります♪」

　ぶつぶつと繰り返して10分後。

「こんなん言うて、ほんまに素敵なジェントルマンに出会えるわけ？　それに多美さん、年齢は関係ないって言ってたでしょう。それって本当なの？　仮に40代でもいいの？」

　やっぱり疑う恵美子ちゃん。

「うん。知り合いでもいるよ。45歳で楽しいリストを作って歯医者さんと2回目の結婚をしたり、50歳で子供が3人いた女性も、ある企業の社長さんと結婚したり。高年齢でも、地方に住んでいても、子供がいても、まったく関係はないのさ♪　楽しく永遠にいろんな魅力的な男性に出会っていく、愛にあふれた愉快な未来を選んだほうが楽しいでしょ？」

「え〜っそれはすごいわ☆　45歳で歯医者さんと2回目の結婚。その人、もしかしたら、仁美さんのこと？」

　と、千春ちゃん。

「そうだよ、ご主人が歯医者さんしてる仁美さんだよ」

と、私が言うと、

「仁美さんまで多美マジックにかかっていたとは！」

と、千春ちゃんが驚いて言った。仁美さんとはベネチアンにたまに来ていたお客さん仲間。「いつも夫婦仲いいわね！　どうしたら多美さんみたいに楽しい結婚ができるのかしら？」と聞かれたので、リストを作ることからいろいろ教えてあげたら、ものの2週間ほどで、ベネチアンのゴルフコンペで一緒になった理想の歯医者さんと結婚した。それもリスト通りの。

「仁美さん、リストを作るのに気をつけたことがあったって言ってたよ」

と私が言うと、

「何ですか、それは⁉」

と、身を乗り出した恵美子ちゃん。

「自分が45歳で子供がいるから、**同じような境遇の、お金持ちと結婚した女性が現実にいるのかを探したんだって**。雑誌や本を調べたらそんな女性が結構いて、でもそんなに綺麗じゃない人もいたそうで、それを見て勇気が湧いて、〝もしかしたら自分にも可能性があるかも⁉〟と思ったみたいだよ」

と教えると、

「じゃあ、成功例みたいなものをたくさん探せばいいんですね？　友達や知り合いに成功した人がいれば、自分も思っている人に出会いやすくなる。そうですね？　なんだか希望が持てそうでうれしくなってきました！」

と、きよちゃん。

「そうなのよ。でも、**その成功した人と自分を比べて劣等感を持つことはないからね。自分もそういう人を目指せばいい。**楽しいリストの作り方を紙に書いておくから、参考にして恵美子ちゃんたちのマスターマインド（理想の結婚相手）づくりの役に立ててね！　書くだけならタダだし～♪　欲張って楽しい気分で書いてみるのが成功するコツだよ」

☆必ず叶うリストの作り方☆

1. お気に入りのノートを用意する。
2. ゆったりした雰囲気でお茶を飲んだりして、気分をリラックスさせる。
3. 飲んだり食べたり気分がよくなることをする。
4. あなたが願う理想の生活や出会いたい理想の結婚相手のことなど、楽しいと思うことを欲張ってば～っと書く。
5. 書いたものを机の引き出しにしまう。
6. リストに書いた男性の考え方、生き方に寄り添えるようにイメージする。リッチファッションやメイクも心がける。

7. そのまましばらく日々を楽しむ。

理想の状態になれれば、遅かれ早かれ、理想の相手は１００％現れる。現れる場所や時間などを気にする必要はない。ひょんなことから必ず現れる。

**Today's Lesson**

**リストを作ってイメージトレーニング。**
**日々楽しんでいれば、魅力的な彼が現れる！**

day
04

# きらびやかな女性は男性にとって喜びと富の起爆剤！

## 美しくなることはハーモニーリッチ婚に楽しみと幸せをもたらす！

日曜日の午後、歯医者さんと結婚した松田仁美さんの家に行った。女の子たちとティーパーティーをすることになったのだ。

松田さん夫妻は、最近この高級マンションのペントハウスに引っ越してきたという。キッチンからクローゼットまで、すべてリフォームしてとても住みやすそう！　最上階、ホワイト一色の光り輝くリビングで街の風景を眺めながらのティータイムは最高だ。私たちはポルトローナ・フラウ社製の夢の白いソファに座りながら、今から何かが起こるんだ！　とワクワクときめいていた。それはなぜだかはわからなかったけれど、心の高鳴りは止まらなかった。夢のような結婚をすっと可能にした人がいる。愛も富もすべてあるハーモニーリッチ婚は可能になるんだ！　と3人が3人とも期待に胸をふくらませている。

バラのティーカップに丁寧にティーを注ぎながら、今はシャネルの似合う有閑マダムになった仁美さんが言う。

「本当に、望めば叶うって思うわ。私の場合は子供が2人いたし、再婚なんてもう考えられなかったわ。また結婚したきっかけは、ベネチアンで多美さん夫妻に出会ったことよね」

「そうでしたね。でもそのときの仁美さん、本当に地味一色で暗い顔でどよ～んとしてましたね～」

すぐそばでこの会話を聞いていたきよちゃんの心境は非常に複雑だ。心の中で、「私と仁美さん、多美さんは違いすぎる！　私には無理だわ…。なにせ、あんなに明るく上品に振る舞えない。私、すぐに暗くなるしなあ」と思っていた。

きよちゃんを見た私には、きよちゃんの心の動きが手に取るようにわかった。かつての私のようだったから…。

「きよちゃん、今、仁美さんと自分を比べたでしょう？」

「えっ！　なんでわかるんですか？」

きよちゃん、不意を突かれたようでハッとする。

「顔見たらすぐにわかるよ～。大丈夫だよ。仁美さんはいばるつもりも自慢するつもりも全然ないんだよ。比べるから人生おかしくなるんだよ。比べることは、望みのものを手に入れられなくしてしまう悪魔なんだよ。私には私の道、きよちゃんにはきよちゃんの道がある。きよちゃんらしさを大切にしながら、できそうだ、楽しそうだなあ、と思うことを、日々の生活が楽しくなるアイディアとして取り入れていけばいいんだよ。**ぜったいにこの**

**プログラムをしている限りは人と比べないこと！　ＯＫ？」**

「はい、わかりました！　そう言われて、なんだか天使の羽をもらったみたいに元気になりました！」

緊張気味のきよちゃんにようやく笑顔が戻った。


ご主人の松田さんがゴルフから帰ってきた。松田さんは47歳、とってもダンディーでかっこいい。地元でも有名で腕がいいと評判の歯医者さん。

彼がリビングに入ってくるなり、女の子たちはピンッと背筋を伸ばして緊張した。

恵美子ちゃんは急に女の子らしく上品に脚を斜めに揃えて座り直した。今日のパーティーのことを知っていたので、松田さんはさっそく話に入ってきた。

「何回かベネチアンで会ったことがあったけど、それまでの仁美は本当に、いつも黒っぽい服でとにかく暗い感じ。デートに誘おうという気にもならなかったけど、急にあるときからきらびやかでカラフルでスタイルもすごくよくなって、なんだか声をかけたくなったんだよね。仕事ばっかりだから、女性に出会う場所ってそんなにないし」

「へぇ〜、やっぱりきらびやかな感じが好きなんですか？」

と、きよちゃんが聞く。

「うん、そうだね。やっぱり家に帰ってきたときにいる女性が明るくてかわいくて、口紅塗ったりして綺麗でいてくれるっていうのは、男としては起爆剤なんだよ。そんな口紅一つ買うのに、１０００円もあれば間に合うんだから！　きよちゃんもどんどん綺麗になれるんだよ！」

「そうよ、ボーイッシュなボロボロのファッションをしたり、流行っていても特別な女性としてもてなされないファッションは、若くてかわいいきよちゃんがもったいないわ！　きよちゃんがシンデレラになればいいのよね！　これからどんどんよくなるわ」

と、仁美さんが励ました。

ボロを着たシンデレラを、王子様は踊りに誘うことはないのです！

## ノーブランドのキラキラファッションをＧＥＴ☆

仁美さんが、白くモールディングされた高級ブティックさながらの大きなクローゼットに私たちを案内してくれた！

「うわ～大きいな～！」

一同、感嘆の声！

「はい！　じゃあ、モテモテクローゼットを見学～。みんな、写真ＯＫだからどんどん参考にしてね！」

クローゼットを見渡す限り、シャネルやディオールといった有名メゾンの服もあるけれど、仁美さんが取り出して見せてくれたのは、ノーブランドのかわいらしいピンクや白のワンピースばかり！

「ぜんぶ駅前のショッピングモールで買ったの。これを着て彼とデートしてたわけ。そういう思い出の服だから捨てられないの」

「ちょっと勘違いしてたかも。ブランド物じゃないと好かれないと思っていました」

と、きよちゃん。

「そうよ、体を覆い隠す服ではなくて、体が綺麗に見えるワンピースに、ミュールやハイヒール。それにスワロフスキーのキラキラアクセサリーで街に出ると、決まって声をかけられるのよ。きよちゃんは私より若いんだしもっと効果テキメン！　やってみてね！」

「うわ〜、なんか楽しそうですね！　私でも変わることができそう！」

**Today's Lesson**

**女性の成功法則は美しくキラキラ、幸せそうに装うことから！**

day 05

# ハーモニーリッチレディに変身、彼に好かれる度チェックシート。

## あなたのお直し必要度テスト。いったい何を変えたらいいのか？

「実はね、きのう仁美さんと私で、テストを作ってみたの。自分が今、どれぐらいリッチレディなのか、今のファッションで大丈夫なのかを知るためのね」

私はみんなにテスト用紙を見せた。

「え？　テストですか？　面白そうですね、見せてくださいよ～」

のぞき込んで興味津々の恵美子ちゃん。私はそのテストをガラスのセンターテーブルに置いた。

「私、自信ないです…」

と、きよちゃんが言う。

「はい、やってみま～す」

と、恵美子ちゃん。さてさて、どんな結果が出るかな？

ハーモニーリッチレディに向かって、Let's start♪

1. 散歩にふらっと出るときは？

A. フルメイクアップ

B. 口紅とマスカラ

C. 顔を洗うだけ

2. あなたのクローゼットは？

A. 高級ブランドの最新ファッション

B. 季節ごとに衣替えされて整っている

C. 台風が去ったあとのようにぐちゃぐちゃ

3. 旅行に行くときのあなたの服装は？

A. 仕事に行くような服

B. パンツに素敵なトップス

C. とにかくらくらく快適重視

4. たまの休み、あなたの予定は？

A. ネイルサロンや美容室、エステ、カラーコンサルタントに行く

B. 友人とショッピング
C. 寝る

5. 宝くじが当たったら何に使う?
A. 美容整形(フェイスリフトなど)をする
B. クローゼットの服を丸ごと買い替える
C. 新車を購入する

6. 独り占めしたい百貨店の売り場は?
A. ファッション売り場
B. コスメティック売り場
C. 食器や調理用品売り場

7. エステのご招待券をいただいたら?
A. マッサージ、フェイシャルエステなど選択し即予約
B. 時間の余裕を見て予約
C. 有効期限が切れてしまう。または友人にギフトであげる

8．何で顔を洗いますか？

A．かかりつけ皮膚科かエステなどでおすすめの洗顔料

B．ドラッグストアで買える洗顔料

C．体を洗う石けん

9．急にレセプションパーティーに招待された！　どうする？

A．最近購入したばかりの高級ブランドのドレスで出席

B．ボディラインが綺麗に見えるノーブランドのベルベットのドレスで出席

C．欠席。ドレスを買う時間もないし、そのようなドレスも持っていない

10分後。

「できた？　A～Cで数が多かった順番に次のページのアドバイスを参考にしてみて！」

「多美さん、私はやっぱり『ともちゃんタイプ』でした～」

と、きよちゃん。がっくりしている。

「別にそれが悪いって言ってるんじゃなくて、こうしたらいいんだなって気づくためのチェック項目だから。参考にしてそれをどう活かすかだけ」

「あっそうか！　わかりました。体を洗う石けんはやめます。少しはメイクします」

と、あっさり素直に立ち直るきよちゃん。いい感じ！

**Aが多いあなた**
**すでに億万長者と結婚したマダムタイプ**
**お金持ちの彼に好かれる度　★★**

とにかくあなたは見た目がすばらしいでしょう。お金と時間がたっぷりあるので、いつもあなたの見た目はパーフェクト！　ですが、高級ブランドばかりでがんばりすぎ、おばさんに見えてしまうことも。例えば20歳の独身なのに35歳の落ち着いたマダムに見えてしまうとか。あるお金持ちと結婚した友人は、高級ブランドのアンサンブルにスカートをはいて巻き髪にバッチリセットして外出しようとしたら、ご主人に「なんで参観日みたいなおばさんファッションなの？」と言われたそう。白いパンツに〈ナチュラルビューティー〉のトップスを着て出かけたら、たまたま会った知り合いの男性の美容師さんに『見違えました。いい感じですね！』と話しかけられたそうです。

　全身、高価な高級ブランドで固めたスタイルは、話しかけにくい、一歩間違うと老けて見えてしまいます。もう少し肩の力を抜き、若々しくフレッシュな雰囲気も取り入れて、見た目のトータルバランスをとるようにすればよいでしょう！

**Bの多いあなた**

**堅実でハーモニーリッチな奥さんにしたいタイプ**

**お金持ちの彼に好かれる度　★★★★**

あなたは自分がどうすればよく見えるのか、Aが多い人よりきちんと研究しており、他人にも自分にも心地よく、上品で美しく若々しいファッションが何かを理解しています。ファッションや小物のセンスにも自信を持っていて、相手を緊張させない雰囲気です。高額なお金を払えばそれなりに見せられることも知っていますが、それもバランス次第だということをわかっている人です！

**Cの多いあなた**

**ともちゃんタイプ！**

**お金持ちの彼に好かれる度　★**

前著『お金持ちと結婚する方法』に登場した、（多美メソッドを学ぶ前は）ハーモニーリッチの対極にいた女性「ともちゃん」タイプ！　あなたは自分にまったく投資をしていないのでは⁉　自分に投資するなんて時間もお金も無駄だと思っていて、キラキラした大ぶりのアクセサリーを一つ買うぐらいで人生が変わるなんて信じられない、と思っていませんか？　しかし、鏡の前に立ち、〝私に必要なのは何かしら？〟と自問してみてください！　そこで初めて、自分自身が素敵になれるスタート地点に立てるのです。素敵なハーモニーリッチファッションを始められるのです！　あなたは必ず素敵に変わることができるのです！　〝お金をファッションに使うなんて〟という罪悪感は捨てましょう。罪悪感はおばさん思考です！


「あまり完璧すぎるのはよくないのか〜。お金持ちの奥さんにしたいタイプまでもう一歩やね。適当にしんどくならない程度におしゃれをしたほうがいいということやね！」

と、テスト結果を見ながら千春ちゃんが言った。

「そう、そう。**なんでも気合いキチキチにならない**ことやね！」

と、仁美さんが物腰やさしくアドバイスした。

### Today's Lesson

今のあなた自身を知って、自分らしく賢く、ファッションもメイクもバランスを大切に。

day 06

# 新しい美容師に出会うのは、新しいあなたに出会うこと！

## お金に好かれない貧乏ヘアは即退場！モテないのはその美容師のせい？

「最近、ヘアスタイルが決まらないんです。仁美さん、素敵な巻き髪ですね、憧れます！きよちゃんは最近、ヘアスタイル変えた？」

と、千春ちゃん。

「う〜ん、変えたんだけど試行錯誤してるの。多美さん、リッチに好かれるヘアスタイルってあるんですか？」

と、きよちゃん。仁美さんの『ベルサイユのばら』のようなドレッサーの前で、ヘアスタイルのレッスンが始まった☆

「まず、〝この髪型でモテる？　若く見える？　美しく見える？〟ってことかな。もしかしたら、モテない理由の一つは貧乏ヘアかもしれないよ！」

「えっ、何？　そんな観点でヘアスタイルを選んでなかった！　美容師さんが『流行りだから』とか『おすすめです』って言うからボブスタイルにしたんやわ」

と、きよちゃん。

「だからってパッツンの前髪はやめようよ〜。日本人形みたいで色気なさすぎよ〜」

と、千春ちゃんが言う。

「モテないヘアスタイルの原因は、長年通っている美容師さんかもよ！　思いきって美容院や美容師を変えてみたら？　でも、マダム御用達の店は避けてね。そういうところでは、既婚マダム風にされてしまうから。美容師さんは、25歳から30歳ぐらいまでの、若くてある程度経験のあるセンスのいい独身の男の人にお願いするのがいい。そういう人は何がモテる髪形なのかをよく知っているの。彼女にしたいならこういう髪型、という感じで、あなたに合わせてアドバイスをしてくれるよ。ここにいくつかポイントを挙げておくからよく読んで！」

と、私がレポートをみんなに渡した。そのレポートを食い入るように見た恵美子ちゃんたちがしばらく沈黙のあと、大爆笑し始めた！

「なに⁉『しゃべりまくる美容師は要注意』ってさ！　私の美容師さん、座ってから帰るまでマシンガンみたいにしゃべってるよ〜！」

と、千春ちゃん。

「え、『海苔のように真っ黒な重いヘア』って、私みたいです〜」

と、きよちゃん。

「よかったらいいサロン、紹介するわ！　一緒に行きましょうね」

仁美さんが励ましました。

**モテ髪を作る美容師さんの条件**

1. あなたに似合う髪型、雰囲気を正確に教えてくれる。
2. やたらと髪を切ることを勧めない。
3. 広告もそんなにしていないのに、平日でも予約がいっぱいのサロンで働いている。
4. 25歳から30歳くらいで若くて経験豊富、丁寧な仕事ができる男性。顔などがイケてるかいないかは関係ない。技術重視！
5. 家でもセットしやすいカットができる。
6. カット中にやたらとしゃべりで自分の技量をごまかそうとしない。男性でしゃべりまくる美容師は要注意！　カット中しゃべりまくるのは、技術に自信がない証拠！

**貧乏ヘアとは**

1. 真ん中でパッツンと分かれたロングヘア。
2. ぺったんこヘア。
3. つやがなくぼさぼさ、すきまくって、シャギーだらけのヘア。
4. カラーリングした部分が伸びて、地毛との境目が目立つ。

5. 白髪だらけでゴマ塩のようになっている。
6. 毛先がボロボロ。
7. くせ毛がうねっている。
8. 海苔のように真っ黒な重いヘア。
9. ベリーショート。
10. ヘアカラーがあせていてつやがない。
11. ヘアカラーが不自然で色が肌に合っていない。
12. ヘルメットをかぶっているように、前髪がパッツンと切られたショートヘア。
13. 動きがない巻きすぎの髪。

Today's Lesson

## リッチに好かれるヘアスタイルを研究する。

day 07

# 若くてフレッシュに見える、モテヘアの作り方。

**特に、前髪とヘアカラーを上手に作れる美容師さんを厳選しよう！**

「前髪は、きよちゃんみたいにパツッと切るんじゃなくて、自然にセンスよく切ってもらえばいいのよ。誰でも簡単に10歳若く見える方法なの！　あと、前髪は上げてしまうと、どうしても老けた印象になりがちなのね」

私が説明すると、きよちゃんがすかさず、

「前髪って、実は私、自分で切ってるんです。それでパッツンヘアになってしまうんです。ちょっとしたことで若く見えるんですね」

「前髪を自分で切るのはやめようね！　前髪は、美容師さんでも難しいんだよ。センスよく、若く見える前髪を、ぜひいい美容師さんに作ってもらって！　それからモテヘアを作るには少し髪の色を明るくしてみよう。きちんとヘアカラーの説明ができる専門の美容師さんがいる店もある。きよちゃんのお肌の色や雰囲気に合った色を、きちんとカラー表などを使って説明ができるところもあるよ。モニターでCGを見せてくれたりもする」

と、私。

「へえ〜、じゃあ私、憧れの女優さんみたいにしてもらおうかな〜」

と、恵美子ちゃんが言う。私はあわててさえぎった！

「ちょっと、それはやめといたほうがいいよ。私も、ある女優さんみたいにして！　って染めてもらったことあるけど、真っ黄色と茶色を混ぜたみたいなとんでもない色で、ちぐはぐすぎで目立ちすぎた。女優さんの髪ってやっぱり舞台用なのよ。私たちが目指すエレガントなヘアカラーは、やっぱりお肌の色や自分自身の雰囲気にトータルでマッチした色になるように、美容師さんとよく相談して決めなくちゃ！　これでチェックして、近所の美容室に行ってみるといいよ」

＊　ヘアカラーの色やサロンが検索できる。
〈カラーエクスパートサロン〉　http://www.colorexpert.jp

仁美さんのダイニングルームには、テーブルの上にずら〜っとシャンプーやコンディショナーが並んでいた！

「なんか、美容専門家並みの品揃えですね〜」

と、恵美子ちゃん。

「これ、全部仁美さんと試したの！　その中からよかったものだけ厳選したから、気に入ったら使ってみて！　題して〈Brilliant Buys（ブリリアントバイズ）〉よ！」

　と、私。

「すごいですね！　手軽にドラッグストアで買えるものもたくさんあるね♪　なんだか高いものばかりがいいものって思ってたけど。今は商品がありすぎて、どれが本当にいいものなのかよくわからないし、ハーモニーリッチになるために買うっていう観点も今までにありませんでした」

「Brilliant Buysは、ハーモニーリッチに賢く、値段が高いか安いかに関係なく、いいものを楽しく使って綺麗になるためのガイド。みんながすぐに選べるように、私たちがさんざん試した結果、たどり着いた商品たちなのよ。ぜひ、賢くお買い物してみてね」

「そうですね、ハズレがないっていうのは、すでにかなりお得ですよね！」

**Today's Lesson**

**ハーモニーリッチなお買い物、Brilliant Buysを活用しよう！**

## Brilliant Buys

✽ カラーリングを守るシャンプー＆コンディショナー。「パンテーン クリニケア シャンプー＆コンディショナー」 P&G

✽ ヘアカラーを綺麗に保つシャンプー＆コンディショナー。「SONOKO FiFi クレンジングシャンプー＆トリートメントコンディショナー」 SONOKO http://www.sonoko.co.jp

✽ しっとりつやつやになる！ 「レインフォレスト ヘアケアシリーズ」 ザ・ボディショップ http://www.the-body-shop.co.jp

✽ カラーを守るヘアパック「フィーノ プレミアムタッチ」 資生堂 http://www.shiseido.co.jp

✽「セグレタ ヘアエステ」 花王

✽ お肌の弱い人も安心。傷んだ髪もしっかりとうるおって、ハリとつやが出る。「SONOKO ヘアパック」 SONOKO

✽ 自宅でカラーリングするならこれ。「フェリア 3Dカラー」 ロレアル

day 08

# お金持ちメイクをしてみる。

**お金持ちはみんなつやつや、ピカピカ☆**
**一番簡単に幸せになれる方法。**

「仁美さんのワンピースを試着させてもらったけど、私の顔、なんだかどんより暗く見えるんですよね。ワンピースが浮いて見えるの。それで気づいたんですけど、仁美さんも多美さんも白くてつやつや、ピカピカのお肌ですね」

恵美子ちゃんはいつも鋭い。

「それだけでお金持ちそうに見えますよね。私は無理やり黒く焼いたりしてたから、お肌がガサガサ、なんだかつやもないなあ～」

千春ちゃんが鏡の前で肌を見ながら言った。

「〝お金持ちファッションにはお金持ちメイク！〟ですよね。くすんだ肌はシンデレラとかお姫様のイメージじゃありませんねえ～」

「ガサガサでつやのない肌って、貧相で見るからに福の神が逃げてしまいそうな感じね。私が〝人生最悪～〟みたいな悲劇のヒロインだった頃は、思い出せば本当にガサガサでノーマネーだったわ。その後、多美さんから教えてもらってつやつや、ピカピカにし始めたら、とたんに主人と出会ったわね。お金やハッピーに好かれたいのなら、今すぐに鏡の前に座り、つやつや、ピカピカメイクをしましょうね！」

と、仁美さんが巨大なドレッサーの前に女の子たちを連れていった♪

私はちょっとまじめに言った。

「そうよね、お金持ちメイクの特徴は、まず福相に見えること。10歳若く見えていつでもブライダルみたいなハッピーなメイクで、天国の住人のようなナチュラルメイク。うるおいがあって、健康的ではじけるようなもち肌、しわが目立たない。くずれにくい。桃のようにピチピチ、触りたくなる肌なの！」

「プッ。なんだか、美容学校みたい（笑）」

千春ちゃんが言うと、

「そうよ、お金持ち美容学校よ♪」

すばやく、恵美子ちゃんが切り返した。

「次に愛もお金も逃げていくメイクの特徴はね、濃いリップライナーに、赤黒い色の口紅、濃いベージュの口紅、真っ青なアイシャドー、不自然すぎるやりすぎつけまつげ…」

「ぷっ（笑）。ねえ、今どき、赤黒い口紅とかする女子っているのかしら？　真っ青なアイシャドーって妖怪人間ベムの世界…」

と、また千春ちゃんがつっこむと、一同大爆笑！

「本当にあるんだよ〜。そういうメイクが流行ったりすると、リッチに好かれるとか忘れちゃって、青くしちゃうのよ」

「あ、すいませ〜ん。つっこみたくなるんですよ〜、ごめんなさ〜い」

千春ちゃんがペコリ。

「それでね、ガサガサの肌、つやがなく青白い肌、日焼けしすぎ、完璧すぎるメイク、首と顔のファンデーションの色が合っていない、こってり白くてマットで仮面のようなファンデーション。触りたくない武装肌。眉が整っていない…」

「えっ！　つやがない、日焼けしすぎ、完璧すぎるメイクに触りたくない武装肌って、それって全部私です〜！　いや、でも私、本当に愛もお金もないよ…」

と、はっとした千春ちゃん。

「ごめんね、千春ちゃん」

「でも、なんで今まで男性に大切にされなかったのか、お金持ちに愛されなかったのか、ということがよくわかりました。だから、ありがとうございます！　教えてください！お金持ちに好かれるメイクを！」

千春ちゃん、急に気合いが入った。

「大丈夫よ、さあみんな、今のメイクを落としてきて！　優雅に愛されリッチメイクをしましょうよ！」

と、千春ちゃんの肩をポンッとたたきながら、仁美さんは、ホテルのようなゴールドのミラー輝くバニティー（洗面台）へ案内してくれた。

## リッチ愛されメイクの前にすること

「では顔を洗ってくださ〜い♪」

私が言うと、きよちゃんがいきなり泡も立っていないウォッシングフォームで顔をごしごし洗い始めた！

「ちょっときよちゃん、顔を洗うのに泡は立てようね」

「えっ！　そうなんですか？」

「それでは汚れは落ちないよ。泡で包むように洗おうね。それでも取れない汚れの詰まった毛穴を綺麗にするには、古い角質を取るパックをするといいよ」

「私、化粧水はコットンでゴシゴシこするみたいにつけてました。顔が痛くなったりして…」

「それがお肌を黒くする原因。やさしく、やさしくね！　化粧水は手で覆うようにしてやさしくなじませて。ちょっと恵美子ちゃん、顔をたたいたりしない！　刺激を与えれば与えるほど角質は堅くなるよ。これ、しみ、しわの原因なり！」

コットンで顔をたたきまくる恵美子ちゃんにイエローカード。

「だから、最近しわが出てきたのかも…」

と、恵美子ちゃんがはっとした。

美容液、日中用のクリーム、UVクリーム（SPF30）を塗ったあと、

「では、メイクを始めましょう！」

と私が言いかけたとき、きよちゃんがいきなり顔にリキッドファンデーションを塗り始めた！

「きよちゃん、顔のうぶ毛は脱毛するか、眉用ニッパーなどできちんと処理をしましょうね。うぶ毛があると化粧ののりが悪くなるし。眉毛を整えたら、もっときよちゃんはかわいくなる。きちんと形よくなるように、一度プロにお任せしてみるのもいいよ」

＊　眉専門のサロン。〈アナスタシア〉　http://www.anastasia-eyebrow.jp

私はボサボサ眉毛のきよちゃんのまゆを整えてあげた。

「眉やうぶ毛の処理をせずにメイクをすると、野暮ったく老けた印象になっちゃうよ。必ず、ファンデーションを塗る前にやっておこうね」

「わあ〜、眉毛が整うだけで顔がすっきりした。すご〜い！」

きよちゃん大喜び！

「きよちゃん、かわいい〜！」

あまりにも野暮ったかった真っ黒な海苔眉毛から、すっきり変身したきよちゃんに、みんなは感嘆の声をあげた。

「メイクは何より、見てくれる相手に喜んでもらって初めて成功したって言えるもの。**時間もお金も投資した分が百倍にもなって、富や愛になって返ってこなければ、メイクする意味がないの！**」

と、私が力説。

「メイクするのは、ただ見栄えをよくするためだけじゃなくて、ちゃんと**自分に価値を与える、お金を産んでくれるため**なのよ」

仁美さんがウインクした♪

## ☆ハーモニーリッチ愛されメイクの舞台装置☆

「仁美さんはお花畑みたいな鏡ね。みんなも〝私は特別〟と思える素敵な鏡を用意して！私は、リッチを引き寄せる女性だと思えるようなメイクをするために、ゴールドの『ベルサイユのばら』のようなゴージャスな鏡を使ってるの。この美しい鏡に映る自分を見ながらメイクをすると、〝私は特別！〟って普通に思えるから面白いの。本当にレディライクにね♪」

と、私。

「鏡ですね…。簡単ですね。何事も形からですね！」

と、メモを取りながらうなずくきよちゃん。

「お金持ちに愛されるメイクの秘訣を書いたから、それを見ながら気をつけてやってみて！　10分ぐらいでできるよ！　それと、ここに書いてある化粧品は置いておくから、試しに使ってみて」

「すご～い、化粧品の数がある程度必要かなって思ったけど、案外少ないんですね」

と、千春ちゃん。

## ☆ハーモニーリッチ愛されメイク方法☆

1. ファンデーションの下地を手に取り、目の下、頬、額と、明るく見せたいところにポンポンとやさしく薬指で塗ります（「ディオールスキン　ラディアントベース　００１」ディオール）。リキッドファンデーションは、スポンジを使わず一円玉大くらいを手のひらで温めてから、両手で顔全体に密着させます（「ＲＭＫ　リクイドファンデーション」ＲＭＫ　http://www.rmkrmk.com）。

2. 目の下のクマ、くすみはプアーに見える原因。ふっくら明るく見せてくれるコンシーラーをトントンとなじませます（薄づきでしわにならない「ジャスト アズ マジック アンダートーンライトアップ」ケサランパサラン http://www.kesalanpatharan.co.jp）。

3. パウダーは肌のつやを活かすためにごく少量を、ほんのひとはけ使うのが、つやキラメイクのポイント。眉部分、目の下はパフで少し多めにつけておきましょう。アイメイクやアイブロウメイクをしやすくするためです（お肌の弱い人も使える「SONOKO フェイスパウダー」SONOKO）。

4. アイブロウはパウダーで眉ベースをつくり、ペンシルで書き足しましょう。黒目の外側のきわよりさらに外側に眉山がくるようにします。そこから耳を上下に3等分した、上3分の1の位置に向かって、眉尻を引きます（立体的で自然な眉をつくる「デザイニングアイブロウN」ケイト http://nomorerules.net　細い芯でどんな眉もかきやすい「インウイ ザ ブローライナー」資生堂 http://www.shiseido.co.jp）。最後に眉マスカラで整えます。

5. ノーズシャドーで横から見ても女優顔に！　眉頭から鼻の中央の両サイドあたりまで、〈ケイト〉の「デザイニングアイブロウN」で影をつけてぼかしながらのばします。すっとした鼻で立体的に若く見えます。

6. 目の下にハイライトをのせます（「ニュアンスカラーズ no.412」ワトゥサ・インターナショナル http://www.watosa.com）。

7. クリームでまぶたにツヤをのせれば上品セクシーアイに！　上まぶた全体に明るいベージュを広めにのせます（「アイ　ファンタジストＢＥ　３５５」ボーテドコーセー　www.kose.co.jp）。

8. おすすめのつけまつげは１００円ショップのもの。『エクステですか？』と言われるぐらい自然です（「アイラッシュ15番」セリア　http://www.seria-group.com）。つけまつげと地まつげをマスカラでなじませます（美しい自然なまつげになる「ＲＭＫ　エクストラ　ディープ　Ｗマスカラ」ＲＭＫ）。そのあとビューラーでまつげを上げます。マスカラの仕上げにおすすめは、「まつげくるん　セパレートコーム」（パナソニック　http://panasonic.jp）。ビューラーは、使いやすく短いまつげもしっかり上げるものを（「エクセル　スプリング　パワーカーラー」サナ　http://excelmake.com）。

9. アイシャドーは、二重の幅を広めに塗ります。さらに下まぶたも広めにつけて（若々しく見えるグリーンのアイシャドーで知的リッチなまなざしに。「コフレドール　ジュエルシャスアイズ01」カネボウ化粧品　http://www.kanebo-cosmetics.jp　ピンクや明るい色のアイシャドーを使っても）。

10. 次はアイライン。黒ではきつくなりがちなので、やさしい感じにするなら茶色を。太く描いても不自然にならず、ニュアンスのあるぼかしが可能なのがペンシルのいいところ。まぶたを持ち上げ、まつげの間を埋め込み、かつ大胆に幅を出して描きます。

線を引くように描くと不自然になるので注意。黒目の上を厚めにすれば、大きな目のうるうる上品セクシーアイが完成！

11. 二重の間にはコフレドールのブラウン（9を参照）、もしくは好みのパレットの一番ダークな色をぴしっと塗ります。

12. 下まつげにも忘れずにマスカラをしっかり塗り込みます！　まっすぐ見たときの黒目の下を重点的にすれば、下まつげの長さ分までが目の大きさになるから、大きなパッチリアイに大変身！

13. エラ骨の下から輪郭に沿って、4、5で使った「デザイニングアイブロウN」を大きなブラシで色を調整しながら取り、シャドーを入れます。

14. チークはかわいいピンクを。頬骨方向にぼかして、頬骨の上でブラシを止めます（美しく発色のよいチーク「ブラッシュ ブロッサム 01」ジルスチュアート http://www.jillstuart-beauty.com）。

1時間後…。

鏡をのぞいたきよちゃん、「わ、私、かわいい…」。

「ぎゃ〜、き、きよちゃんがべっ別人〜〜！」

「今すぐにでもハーモニーリッチ婚って感じよ〜！」

と、仁美さんが歓声を上げた！

「千春ちゃんも、急につやっぽくなってリッチな色白だよ～。なんかモチモチお肌で触りたいって感じね！」

と、恵美子ちゃん。

「恵美子ちゃん、目が大きくなった！　お金持ちメイクってこんな感じなんですね～、よくわかりました！」

と、自信がついた千春ちゃんたち。

「そうなのよ、顔のつやつやピチピチ感を大切にするだけで、どんどんいいお仕事の話が来たり、Ｍｒ．リッチとの出会いがあったり、いいことだらけになるのよ♪」

**Today's Lesson**

**女の成功はハッピーリッチメイクから！**

**つやピカ&触りたくなるメイクを。**

day
09

# キラキラアクセサリーを買いに行く。

## お金も幸運もキラキラが大好き！

〝ベルばら〟のドレッサーの引き出しを開けた仁美さんが、

「さあ、最後はアクセサリーね！」

と、ずら〜り、キラキラ輝くアクセサリーを見せてくれた。

「うわ〜、かわいく綺麗に並べてあって素敵。見ているだけでウキウキしてきますね！」

と、千春ちゃんが言う。松田さんがカプチーノを飲みながら、ドレッサーのある部屋をのぞき込んで言った。

「いいねえ〜、キラキラと美しい女性を見るのは！　女性は綺麗に華やかでいてほしいというのは、僕の本音だよ」

「そうなのよ、華やかにするから愛されリッチ。これは間違いないわ。暗い気分のときほど、ド派手で〝こんなに大きいの⁉〟というような光るアクセサリーをつけてみて！　なぜか驚くほど元気が出るのよ！」

「そうなんですか。暗いときは何もしたくないし、〝ボサボサでいい〜〟って気分。でもそれが、ぐるぐる何日も続いて出口が見つからないって思っちゃうときがあって。頭で解決しようとして、気がついたら1カ月ぐらい経っているんです。でも、そんなときこそ形から、なんですね!!　わかりました！」

仁美さんが、「暗い気分が吹き飛ぶアクセサリー」を紙に書いてくれた。

・ラインストーンのネックレス
・スワロフスキーのネックレスとイヤリング
・人工パールのキラキラアクセサリー
・お花のコサージュ

## どこでもキラキラハッピーに！

「最初から大きいのは無理そうだけど、スワロフスキーのハートの小ぶりなアクセサリーなら、すんなりつけられそう♪」

と、きよちゃんがアクセサリーを手に取って言った。リッチな雰囲気にもリラックスしてきて、受け入れられたみたい。よかった〜。

「少しずつ大きいものを身につけていこう。なんでも慣れだから！」

「そうか、『ベネチアンの巨大なシャンデリアも見慣れたら普通なのね』って、きのうもママと話してたんだ。あんな感じなんだろうな〜」

と、千春ちゃんが言う。私が続けて、

「秋田に住んでるある読者もこの方法を試して、いきなり次の日にシティホテルでお金持ちに声をかけられて『独身なのかい？　いい人紹介してあげるよ！』って」

「えっ！　すごい読者さん。どうなったの⁉」

と、千春ちゃん。

「地元でも評判の会社の御曹司を紹介されて、お付き合いを始めたんだって。『こんなに華やかな人がお嫁さんに来てくれたら、商売も安泰だ』って言われて。さっき松田さんが話してた通り、商売人の奥さんは明るいほうが好まれるんだね」

「キラキラ光るものはそれだけでうれしくなりますね。幸せな気分にもなるし。それなのにつけたくないというのは、気持ちがよくない方向に向かっているからかもしれないね」

と、恵美子ちゃん。

「そうなのよ。きよちゃんも初めは『そういう華やかなものは似合わない』と思っていたでしょう？　そのときの自分が好きだった？」

と、私が聞いた。

「本当を言えば、自分のこと愛してなかったかも…。でも今日ここに来て、〝ベルばら〟のドレッサーの前に座ったら、お姫様気分に変わってきたの」

きよちゃん、感動の涙がポロリ。

「そうよ、きよちゃんはお花なのよ！　自分にキラキラ光るものをつけてあげましょう！それが自分を好きになるための第一歩なの！」

仁美さんも涙がホロホロ。みんなもらい泣き…。

「光りもののいいところはどんな服にも合わせられるところ。今まで暗い服ばかり着ていた人も、まずは光りもので自分を輝かせてあげましょう！　上品にセクシーに美しく、キラキラとおしゃれしようね！　例えば上品なお花のコサージュは、大人の女性にもぴったりだよ！　ぜひ髪留めに使ってみて。パッと明るくなって、女の子でよかった〜と再認識するよ♪」

と、私はきよちゃんの髪にお花のコサージュをつけてあげた♪　一つ一つ、みんなの心にお花が咲いたみたいでとってもうれしくなった。

**Today's Lesson**

**悩んでいるときこそ思いっきりキラキラに！**
**それがハーモニーリッチ上昇開運の秘訣。**

## Brilliant Buys

✽ 手頃なお値段で大きい本物のスワロフスキーが買えます。
〈クラフト・ケイ・アクセサリーズ〉 **http://www.rakuten.co.jp/craftkac-1/**

✽ クリアアクセがかわいい☆
〈Chesty〉 **http://chesty.tv**

✽ 上品でお値頃な高級コサージュ。女優さん愛用のヘアアクセも充実。
〈神戸デイバイデイ〉 **http://www.rakuten.co.jp/kobedaybyday/**

day 10

# ハーモニーリッチ婚をゴールにしない。

## 結婚したあとも永遠にリッチに過ごすために。

「ねえ、仁美さんにとってハーモニーリッチ婚って何？」

　千春ちゃんが聞いた。

「結婚したあともやることが常にあって、自分自身に満足するように生きるってことかな？　子供でも主人でもなく、自分だけの夢をちゃんと追いかけていけるような。千春ちゃんが幸せにハーモニーリッチ婚するためにも、自分の夢を書いておくといいよ」

「ハーモニーリッチ婚をゴールだと思わんといてね。それをゴールに設定してしまうと、現れたお金持ち自身ではなくて、彼のお金や車、持ち物に目が行ってしまうの！　じゃあ今から、みんなが結婚後にしたいこと、それに結婚以外でワクワクすることを書いてみようか」

　と、私が言うと、みんなはノートを取り出した。

「これからみんなには、生涯何度もハーモニーリッチな彼が現れるからね。魅力的になったらどんどんお誘いがあるよ」

と、私が言った。

「えっ、何回も？　それってモテモテ人生突入やね♪」

と、千春ちゃん。

「そうよ、だって美しくしたり、イキイキ明るく、心底から自分自身に満足して生きてる人は、それだけで十分魅力的！　人に好かれようとして生きている人よりも、なぜかずっとモテるの。そうは言っても、たった一人でも、千春ちゃんじゃないとダメなんだ～！という人がいればいいんだけどね」

「そうよね、たった一人に熱烈に愛されるって、憧れる～」

「でもね、ちょっとそこで冷静になって。彼の性格や生き方が、あなたのこれから生きていく方向と一緒なのか、見極めなければいけないよ。でないと、〝お金と結婚〟してしまって、彼との生活は砂をかむような味気のないものになってしまうから」

「今日、それを知らなかったら『確実にお金持ちだし、じゃあ結婚！』って決めてたかも。どうすれば、どう生きるかって決められるの？」

と、千春ちゃん。

「仁美さんが独身のとき、どうやってリストを作ったか見せてくれる？」

と私が言うと、仁美さんはノートを持ってきてみんなに見せてくれた。

・フラメンコの教室を開く。
・ドレスを着るような仕事をする。
・仕事で年に2～3回は海外に行く。
・彼を支えながら自分の好きな仕事を持つ。
・自由に旅行に行ける時間がある。
・たくさんの刺激的な男女と知り合う。
・彼と私だけで年に1、2度バカンスに出る。
・年収は私だけで1000万円☆　彼と合わせて5000万円！

一日のタイムテーブル。
10時　自宅で仕事。
12時　ホテルでミーティング、15時終了。帰りにシャネルとエルメスでショッピング。
　愛車のベンツGLKに乗り帰宅。
16時　自宅に戻り、子供たちと楽しい時間を過ごす。
17時　夜は家族みんなで食事をとり、そのあとはお顔の手入れ&リラックス。
22時　就寝。

一週間のスケジュール
月曜日　仕事。
火曜日　買い物&美容院。
水曜日　仕事。
木曜日　出張。
金曜日　仕事。
土曜日、日曜日　家族でリゾートでのんびり。

「わあ〜すごいですね、ほとんど叶ってませんか？」

と、恵美子ちゃんがノートを見て驚いている。

「そうなの、書いた通り（笑）。これを書いたときは、〝こんな１００％自己中心的リストでいいの？〟って思ってた。書いた時点では主人にも会ってなかったけど、書いた途端、楽しくなってきて一筋の光がキラ〜ッと見えたの。多美さんに急いで電話したら『それでいいよ』って言ってもらったから、励まされてノートにたくさん自分の夢を書いたわ〜」

と、仁美さん。私が続けて話した。

「そう、なぜ１００％自己中心的でよいのか？　それは、仁美さんの周りにいる人たちは、それぞれがそれぞれの考えや望みを持って生きているわけで、それにいちいち合わせてたら大変。それよりも、仁美さんがうっとりできることや、ワクワクして〝楽しいな！〟と思えることを書くことで、人生は切り開かれていくのよ」

　恵美子ちゃんが目をキラキラとハートマークにして言う。

「へぇ～、思いっきり誰のことも構わずに、まずバァーッと書いていくってことね。具体的にはどうやって書いたらいい？　私は専業主婦がいいわ。家での～んびり。たまに夫と旅行かガールズだけで海外とか。温泉も楽しそ～☆　やさしい夫は子供の世話をしてくれて、私の帰りを待ってくれて。夢心地～」

「そうそう、それでいいの。まず今みたいにできるだけ願いをバァーッとたくさん書いて。ポイントは、やりたいことほど大きく、大きく！　願望を抱くってことは、自分自身に何ができるのか、無意識のうちに知っていくということだから。３００文字ぐらい書いてみて！」

　しばらくして、

「はい、できました！」

「じゃ、次にその書いた文章を２００文字に削って、最後には30文字くらいまで削ってみて！　ここにあなたの願いが凝縮された言葉が書かれているよ」

「はい、できましたよ！　私の夢は『ハーモニーリッチ婚で年収３０００万円』でした」

「恵美子ちゃんの夢はそうなのね。じゃあはっきりしたところで、手帳に書いておくといいよ。きっと忘れた頃にそうなってるから！」

「わあ〜楽しみ!!　早く忘れよ〜♪」

「そう、その気楽さとほがらかで楽しそうにしてるのがいいのよね♪」

と、仁美さんが愛猫をなでながら優雅に言った。

Today's Lesson

満足度100％の、
超自己中心的な結婚願望を書いてみる。

day 11

# テレビを消して、本棚からネガティブなものを捨て去る！

## 怖いものや気分が悪くなるものすべてを、見ない、聞かない、しゃべらない。

今夜は千春ちゃんの部屋に集合、そのあとベネチアンで食事、ということになった。私たちがお邪魔すると、千春ちゃんの部屋はニュースが流しっぱなし。そこにすっぴんの千春ちゃんが登場した。メイクの練習をすると言ってバタバタ落ち着かない感じだ。

「テレビ、消しますね」

仁美さんがリモコンを手にして、ピッと電源を切った。

「えっ？　ちょっと待ってくださいよ～、なんで消すんですかあ？　テレビを見るのは日課なんですよ～」

「千春ちゃん本来の美しさを引き出して、愛もお金も豊かさも引き出すハーモニーリッチな女性になるには、テレビを消してください！」

「そんな、私の人生はテレビなんです。でもそういえば仁美さんのおうちにテレビ、なかった…」

「そう。ハーモニーリッチな人はテレビを見ない人が多いのよ。私の友人や主人の仕事仲間に聞いて調べたら、年収３０００万円以上のエクゼクティブはテレビを見ない人が年収１０００万円以下の人より20％も多かったわ。前はテレビを付けっぱなしだったけど、多美さんに聞いてから友達にあげたの」

「そういえば仁美さんのリビングは、クラシックとかジャズみたいな、耳に心地いい幸せな音楽が流れてたね。ほのかに香るアロマで清々しい空間だったし」

　と、私。

「千春ちゃん、この際だから、本棚から怖い気分になる本、気分が悪くなる本を捨ててみようよ。見るだけで気分が悪くなるものは、千春ちゃんのネガティブな人生を引き起こす要因になっているの。情報のデトックスよ♪」

　と、仁美さんが本棚を眺めながら言う。

「えっ、イケてない本とかあるんですか？」

「この『おばけ１００選』とか『誰も知らない怖い話』とか。これはオカルト？」

「それ、面白いですよ…」

「これを読んだあと、どんな気分？」

　と、私が聞く。

「う～ん、考えたことなかったです。そうですね、何もする気になりません。なんかベッドでゴロゴロして…」

「じゃあ、そのあとは？」

「気分が暗くなってしまいます」

「そのゴロゴロが楽しかったらいいよ。自分の心によく聞いてみて。楽しくて元気になれるなら取っておこう。そういう情報の取捨選択を考えることが大切なだけだからね！」

「そういえば今、テレビがガチャガチャしてなくて、仁美さんが持ってきてくれたクラシックがかかってて、素敵です♪　急にお部屋にピンクのお花が咲いたみたいな、クリーンな気分になってきました！」

「別に千春ちゃん、テレビが好きなんだし捨てる必要はないよ。テレビを消して気分がどう変わるか、それだけを感じてもらえれば」

と、私が言うと、千春ちゃんが、

「いいえ、今すぐに引き取りに来てもらいます。私はハーモニーリッチレディだから〜♪」

あっさりと引き取り業者に電話をかけ始めた。

「じゃあ、テレビやイヤな本とかネガティブ系をやめるとどうなるの？　何が変わるの？」

と、恵美子ちゃん。

「テレビを見ないでいると、まず直感がよく働くようになるよ。**無意識にポジティブな情報を選ぶようになる！　その上、ポジティブな未来を選択できるようになる！**　すごい効用だと思わない？」

「うん、思います！」

「ネガティブな情報は千春ちゃんの人生のゴミ！　千春ちゃんには関係のないことでしょう？」

「はい、そうですね！」

「怖いテレビを見たら不快なはずなのに、不快だと気づかずに見続けてしまう。それは感性が鈍感になってしまっているからなの。もしテレビの中じゃなくて現実の目の前で事件が起こっているとしたら、どうする？　急いで逃げるか警察に電話？　どちらにしても気分のいいことじゃないでしょう」

　みんな、うなずいている。

「私も、いらないネガティブ情報を避けるようにしてから、収入も上がったし仕事もどんどんやってくるようになったの。無駄な努力が必要なく、スイスイ人生がよくなったよ！映画とかでネガティブじゃないものなら、見たっていいよ。そんなにストイックにならなくても大丈夫」

「わかりました。でもとりあえず、このプログラムの75日ぐらいはテレビ断ちしてみます」

「あ、そういえば私も、テレビをやめてから今の主人と出会っているわ！　それまでは冴えない感じでどの人がいいとか悪いとか比べてて、感性も鈍っていたかも」

　と、仁美さん。

「〝テレビをやめて元気になりました！〟〝有名企業に就職できました！〟といううれしいお便りが読者からもたくさん来てるよ。悪い情報を見ないことで、千春ちゃんの未来もハーモニーリッチに変えられるから！」

「はい、そうですね。やってみます。こうやって見るもの聞くもの読むものを変えていけば、自分も変われていい人に出会えるんだ！」

## ネガティブ追放運動はしない

「ブログでももう少し楽しいことを書くようにします。やっぱり『疲れた〜』とか書いちゃうんですよ。『いつになったら私の王子様と出会えるの⁉』とか」

と、千春ちゃん。

「書いて発散することがあってもいいよ。自分のノートにバァーッと書いてスッキリするのは、悪いことじゃないよ」

「そうか。そんなに自分を追い詰めたりしなくていいんだ。そう考えるとなんだかとってもラク。ホッとしました。ネガティブになっちゃいけないって思って、一生懸命ネガティブにふたをして、我慢して、〝明るくしなきゃいけない！〟ってがんばっちゃってました。でもネガティブに感じることは悪いことばかりじゃないんですね」

「〝ネガティブ追放運動〟をしたら、もっとネガティブになっちゃうよ。もっと緊張して不安になっていくの。でも『どんとこい！　よくなってるから心配ない』って気楽にゆる〜く行けば気分もリラックスしてきて、いい展開になるよ。どんな感情もウェルカム。感じるのが女なんだし」

「感じるのが女かあ…。いいものを聞く、見る、話す、というだけでちゃんと感じられるんだ！　幸せになるためには、できるだけポジティブなものに囲まれるのがいいんだね」

「そう、どんな状態でもポジティブに聞く、見る、話す。ハーモニーリッチな男性は、美しいことだけ感じている千春ちゃんのような素敵な女性を待っているよ！」

**よい情報の中に身を置くということが、結果的に自分を大切にすること**だと気づいた千春ちゃんでした。

### Today's Lesson

ネガティブなものを遠ざけて、
ポジティブの中に身を置く。

# day 12 ネガティブな人からは逃げるに限る！

## ハーモニーリッチの世界を意識的に自分からつくり上げる。

「情報のデトックスってことは、何か暗～いことをわざわざ言いに来る友達とか、避けたほうがいいってこと？」

と、千春ちゃんが聞く。

「千春ちゃんの周りにネガティブな人は多いの？」

「う～ん、いるといえばいるような…」

「できればこのプログラム中は意識的に避けるようにしてみたら？　口を開けば文句や愚痴ばかりの人、有名人のゴシップ話が好きな人、将来の不安を話す人。別にその人たちが悪いというわけじゃないよ。でも今の千春ちゃんがこのプログラムをしていく中では、そういう**ネガティブ言葉が達成を遅くしたり、妨げたりしやすい**んだよね」

「へえ～、じゃあそのネガティブな人というのが、同居している人だったらどうするの？」

「えっ、もしかして、あのおせんべいボリボリの、みいおばあちゃん？　いつも『千春がお世話になってますう～』って言う。今日も『おせんべいでもどう？』って玄関で聞かれた…」

「そう、みいおばあちゃんがね〜、心配症なの」

「よくわかるよ。千春ちゃんがかわいいあまり心配なのよね。その場合はできるだけ一人になれるように外に出かけるとかして、ハーモニーリッチになることだけを考えるようにするといいよ。私の貧乏時代、実家は4畳半の小さいお部屋しかなかったの。お布団で寝るだけでくつろぐことができないでしょ。でもプログラム実行中は家族団らんの時間より、ハーモニーリッチ婚に集中したくて。だから大好きなホテルのティールームやロビーに仕事前に行って、とても豊かで美しい気分を味わってから、仕事に行くようにしてたんだ」

「へえ〜それいいね！　おばあちゃんのこと、大好きなんだけど、一日中いるから…。話題も世の中の暗いニュースばかり。ちょっとつらいの」

「そういうときはちょっと気分がよくなるところに寄り道するようにすれば、周りの人にネガティブな話をされても、サーッと流すことができるようになるよ。私もそれで自分から楽しい話や愛のある話をするようになっていったよ♪」

「うわあ、なんかそれって**自分の心の中に天国が見つかった感じ**がするね」

「そうね、ネガティブな考えから離れると気分がとてもラクになることに気づくね。自分の楽しい世界の中で生きられるようになってくる感じ！　そうすると楽しい人を探そうとするし、自然と新しい友人ができるよ！　新しいポジティブな光の射す場所に行きたいと思うし、自分からハーモニーリッチの世界をつくっているという感じかな。今まではおばあちゃんがいやだなって思ってしまって、他人に振り回される感じがしてたんじゃない？」

「うん、してた」

「これからは、自分で自分の素敵な未来をつくる。その選択肢は千春ちゃんの中にあるということに気づくよ。そうすると内側から千春ちゃんの雰囲気も変わるし、顔も豊かで美しく変わってくるよ！」

「ありがとう！　多美さん！」

Today's Lesson

現状がどうであろうと、心の中だけでも、豊かな世界を意識的につくり上げる！

day
13

# リッチで知的な美人脳をつくりましょう。

## おすすめの本、ボキャブラリーの増やし方。

「じゃあ、『頭のいい知的美人だね』って素敵なミスターから思われるには、どんな本がおすすめなの？」

本棚を整理しながら、千春ちゃんが聞いてきた。

「そうねぇ、別にマンガも読んでいいし、本に愚本なんて一冊もない。なんでも読めばいいよ。必ず何か1行でもいい言葉があったりするからね。仁美さん、最近いい本あった？」

と、私。

「そうそう、多美さんにすすめてもらった本、返さなくちゃ。『神話の力』（ハヤカワ文庫）。歴史、絵画、宗教、哲学などをインタビュー形式で紹介するジョーゼフ・キャンベルの遺作なの」

仁美さんは、シャネルの特大のマトラッセから数冊の本を出した。

「何、ジョーゼフ・キャンベル？」

ぶつぶつ言いながら、千春ちゃんが本をめくっている。

「ふ〜ん、『人間が本当に探求しているのは、いま生きているという経験』だって。面白そうやね。私、お金持ちと結婚するこのプログラムで、生きている今を経験し、探求しているわけね。多美さん、これ貸してくださいね」

「いいよ。あとは何をおすすめしたっけ？」

「『ハムレット』（W・シェイクスピア　新潮文庫）でしょ？　雑誌だったら『ナショナルジオグラフィック』（日経ナショナルジオグラフィック社）！　すごく楽しくて知的好奇心を満たしてくれるよね☆　きのうこれ読んだあとに主人と会話したら、『おお、知的美人！　賢いなあ〜』ってほめられちゃった！」

「え〜、やっぱり賢いご主人は賢い女が好きなのね。私も本読んで賢くなろう」

と、千春ちゃん。

「あとはね、『ハーバード・ビジネス・レビュー』（ダイヤモンド社）。ビジネスの最先端をあらゆる角度からグローバルに見ることができるよ。読んでるだけで実業家の夫人！　って感じで楽しいの。多美さんの特におすすめは、『帝王学の教科書　リーダー英才教育の基本』（守屋洋　ダイヤモンド社）だったね」

「へえ〜やっぱり、おばけ１００選の人とは人生も中身も違うね〜」

と、千春ちゃん。

「え？　いいのよ、たまには楽しい本も！　私は怖いのは苦手だけど〜」

と、仁美さん。

「今日からいろいろ読んでみようね！」

と、私が千春ちゃんを励ました。

## リッチボキャブラリーを増やそう！

「あとね、お金持ちな夫婦は話し方も違うのよ」

と、私。

「えっ、どんな話し方にすればいいの？」

と、千春ちゃん。

「まずは、リッチボキャブラリーを増やすの！　それは上品で、リッチな印象を与えるお金持ち語のこと！」

「へえ、それってどんな？」

「例を挙げるから、メモしてね！」

「うん、ハーモニーリッチノートに書くね！」

と、千春ちゃんがノートを取り出した。

「**輝かしい・喜ばしい・素晴らしい・清々しい・ありがたい・豊かだなあ、**とか。ほかにも、**うれしいな・豊富です・ふんだんです・リッチです・広がる・増える・美しい・できる・できるかもしれません・やりたい・やれるかもしれませんよね・一度やってみましょう・そうだよね・あ～わかります・面白いなあ**」

「へぇ～、『面白いなあ』、と」

千春ちゃんが丁寧にノートに書いた。

「そう、『面白いなあ』って言いながら、相づちを打つの。トップのセールスマンもそうだけど、結局、お金持ちは聞き上手なんよ。だから、相づち」

「ありがたいです（笑）。それから？」

「次はね、**言葉の最後に『○○ね』とつけるようにする**といいよ！　魔法の『ね！』は言葉をやさしくする。それから思いやりの気持ちがこもるので、次の話にもつながりやすくなるしね！」

「面白いね！」

「ね、そうでしょう？　相づちの話に戻ると、話の可能性を大きく楽しく広げるように話す相づち言葉があるよ。お金持ちの男女の会話を研究してみたら、だいたいこんな相づちを打ってたっていう参考例を挙げてみるね」

「そんな会話も研究してたんですね！　なになに？」

と、千春ちゃんはノートに向かう。

「ほう、すごい・へぇ〜すごい・へぇ〜なるほどね・それ、いいね」

「ほうとか、へぇ〜とか…。ポンポンリズムよく相づちを打つのが、ポイントなんですね？」

「うん、これも慣れと練習。相手の話し方から学ぼうね。深く聞くことも大切。味わいながら笑いながら、楽しい会話をしたらいいよ。ときには拍手も入れて」

Today's Lesson

知的で会話力のある女を目指して、リッチボキャブラリーを増やそう。

day
14

# 部屋の掃除をすれば、セルフイメージがアップする！

## 王子様は美しい部屋にやってくる。

「上品でセクシーな部屋改造求む！」とのリクエストで、私と仁美さんとで今度は恵美子ちゃんのお宅へ行くことにした。

ピンポ～ン♪　チャイムを鳴らす。

「ハーモニーリッチ・エプロンサービスで～す♪」

「すみませ～ん♪　どうぞ」

と、恵美子ちゃんが恥ずかしそうに部屋に招き入れてくれた。

「うわ～、すごいね～。相当捨てるものがありそう。恵美子ちゃんさ、自分の未来のご主人に今のお部屋を見せられる？　招くことはでき…そうもないね」

「はい、彼も呼べないですよね…。どうやって掃除したらいいのかわからないんです～」

「今までにいい出会いがなかったとすると、恵美子ちゃんの中にある何かが、自分の魅力をスポイルしてたのかもしれないね。それが何かを突き止めて捨てるのが、この掃除の目標！」

「確かにこれで年収が３０００万円の生活って、ちょっと違いすぎますよ…」

「汚いお部屋では思考も落ち込みがちで、いいことなんてないような気分になるしね。いらないものを捨てると恵美子ちゃんの人生がすっきりとして、思考の掃除にもなるよ」

「なんか、捨てるものばっかりって感じはするんですけど。でもどこから始めればいいですか？」

「そうね。じゃあ、まずは引き出しから開けて。引き出しから一つずつ始めていけばいいの。いきなり大掃除って思うと、それだけでやる気がなくなるから」

「はい、わかりました！」

## セルフイメージを上げるために捨てる！

「まずは下着ね！　1年以上使っているものはみんな迷わずバイバイ。ねえ、これは彼に見せてもいいもの？」

「えっ⁉　これはダメです～」

「おばさんパンツやスポーツブラ、色気のないコンフォタブルなだけの下着では出会いは皆無！　破れた下着、色の汚い（ネズミ色やくすんだ色）のもごめんね。お清めのお塩を振ってゴミ箱行きね」

「そうなんです。機能的にいいっていうブラもわりと高い値段だったけど、つけててテンションは上がらないし…捨てられなくて困ってました」

仁美さんがドレッサーの引き出しを開けてみた。

「あら？　出会いを妨げていたのは、ここにたまってる化粧品が原因だったかも！　1年以上使ってないもの、取ってあるだけの試供品、いつか使うだろうと持ってるだけのポーチ、汚れたパフ、販売員に勧められてノリで買っちゃったけどすぐ使わなくなったアイシャドー、ドロドロになったネイルカラー…。みんなここにたまってるわよ！」

「その引き出しに入っているもの、全部ゴミです。使うものは結局、別の一つのポーチに入れてます」

「じゃあ、これもバイバイね♪」


じゃあ、次はデスク。

「恵美子ちゃん、これ、10年も前に使わなくなった家電の説明書じゃない？」

「あっ、それもいつか使うかもと…」

「このディスカウントチケットも期限が切れてるよ。恵美子ちゃんの好きな出前のチラシもいっぱいあるよ」

「う～ん、結局頼むところはいつも同じなので、ほかは捨てます」

「あと、メモの端書きが山になってるね。これからは一冊のノートにすべて書くようにすると、バラバラにならなくていいよ。付せんにメモしてあちこち貼ったりすると、余計に混乱しちゃうので使わないほうがいい」

「すご～い、机も一気にスッキリ☆」

「それに車も片づいてないんです～」

　私たちはガレージに移動した。

「車も恵美子ちゃんのお部屋の一部。ぶつけたバンパーは直しに行こうよ」

「う～ん、それも後回しにしてました」

「**後回しにしてたら、出会いも後回しになるよ**。いつも気分スッキリで生きるためには、支払うものは支払う、直すものは直す、片づけるものは片づける。これをいつもやっておくこと。それが自分の心を綺麗にするってこと。掃除すると願いがスイスイ叶うっていうのは、そういうことなんだよ」

「**掃除すれば願いが叶う！**　そうか、そういう意味だったんだぁ」

「さあ、車内も掃除機をかけて、いらないものを処分しよう！　もしかしたら、車自体も恵美子ちゃんの生活に必要なかったことに気づくかもよ。恵美子ちゃん、車に乗ってる？」

「あんまり乗ってないなぁ、月に２、３回？」

「保険代、駐車場代、車検費用などを考えると、車を所有するより、タクシーやレンタカーを賢く使ったほうがずっと節約できるよ。休みの日に車を掃除しなくちゃ、と思うたびにエネルギーのレベルが下がるし。それでも所有するなら、掃除すれば気分がよくなるので、自分へのギフトのつもりでお掃除だね♪」

「う～ん、車の処分も考えてみますね」

私たちはまた部屋に戻って、クローゼットを開けた。

「私、昔の彼にもらったこのアクセサリーとか手紙とかが捨てられないんです」

と、ピンクのかわいい箱を出しながら恵美子ちゃんが言った。

「昔の彼からもらったものは新しい出会いを妨げるよ。もらったラブレターをいつまでも持っているのは、〝あの人のように自分を心から熱く愛してくれる人は、これからもいない！〟と言ってるようなものだしね。でもどうしても捨てられないなら、気がすむまで置いておけばいい」

「う～ん、でも捨てます。新しい出会いはもっと楽しくなるだろうから。ありがとう、多美さん」

「大丈夫、大丈夫！　次にもっといい人にどんどん出会えるから！」

「逆に捨ててはいけないもの、捨てたら後悔するものってありますか？」

と、恵美子ちゃんが聞いた。

「私にとっては子供が描いた絵や文章かな。子供の絵を見ると心がじんわり温かくなるの」

と、仁美さん。

「私は自分の日記とか、両親や家族、友人や大切な人からいただいた手紙ね」

と、私。

「そうではない、悲しい思いがよみがえるもの、心がつらくなる思い出の品は徐々にお別れをしよう。私は昔の彼の手紙や写真はみんな処分して、もらった指輪とかネックレスはオークションで売ったの」

と、仁美さん。

「オークション？　そうか、ただ捨てるのももったいないしね」

「オークションで売ったあと、ハーモニーリッチな彼と出会えるような新しい気分になってすっきりした、と喜んでいたら、すぐに新しい出会いがあったのよ！　それが始まりで、今は豊かにハーモニーリッチ婚をしているわ」

「わかりました！　私もすっきりしよ！」

結局、巨大なゴミ袋が10袋にもなった。掃除機をかけて、拭き掃除をして、窓も拭いてカーテンは洗った。鏡はすべてピカピカ。

「さあ、気分すっきり、新しい出会いがやってくるよ！」

「はい、何かがやってきそうな感じがします！」

「毎日ちょっとずつでも掃除をしたらいいよ。やっぱりお金持ちは綺麗好きな女性が好きなのよ。お手洗い、水回りは念入りに掃除をする。掃除機は週に1、2回でいいけど、毎日数分『クイックルワイパー』で床をなでるだけでいいから掃除！」

と、私が言うと、

「そして独身のうちから掃除するクセをつけておくのが大切ね」

と、仁美さん。

「あとやっぱり美収納のポイントは、**無理をせず一日1カ所ずつでも、小さい掃除を続けるってことかな**」

**Today's Lesson**

お金持ちの夢を現実にするにはまず掃除、少しずつでも毎日続けること。

day 15

# インテリアを女の子らしくする。

## お姫様はキラキラのお部屋からつくられる。

きよちゃんもお部屋をなんとか（お母さんなしで）したい！　と言う。仁美さんと私は、インテリアや収納についてアドバイスするために、きよちゃんの家にやってきた。恵美子ちゃんも一緒だ。きよちゃんのお姉さんが部屋まで案内してくれた。きよちゃんは私たちが来るというので、やっつけで掃除を始めていたらしい。恵美子ちゃんがその辺のものを端に追いやって、急いで私たちの居場所をつくってくれた。

「も～っ、泣きそう～～！　うわ～ん、多美さん助けて～！」

8畳ほどの部屋できよちゃんが悲鳴をあげていた。いろんなものがぐちゃぐちゃで足の踏み場もない。

「あ～、しまってたもの、全部出したんだね」

と、私はエプロンをしながら言う。

「女性らしいお部屋とは…、ほど遠いです！　どういうお部屋が女性らしいのか教えてください！」

と、きよちゃん。仁美さんが答える。

「彼氏がいつもいる女性は、部屋も色香のある女性らしいお部屋なの。そして見た目が美人でも彼氏がいない女性の部屋に行くと、綺麗に整ってはいても、どこか男っぽい部屋なの」

「男っぽい部屋って、どんなお部屋ですか？」

と、恵美子ちゃん。

「やっぱりシークレットな部分がない部屋かな」

「何、シークレットって？　あっ、ランジェリー系の話？」

「そうね〜。ハーモニーリッチ婚をする前の女性のお部屋に遊びに行って、1カ月泊まり込みでレッスンをしたりしたことがあるの。それは、52歳のけいこさん」

と、私。

「52歳っ⁉」

二人が驚く。

「そうだよ。成人した子供も2人いて、昔は田園調布に住んでいた億万長者マダム。45歳でフランスに渡って事業を起こして、シルバーのジャガーを運転してた。彼は同じ年のニューヨークから追いかけてきたモデルさん！」

「うわ〜、かっこいい〜‼　どんなお部屋なの？　気になる〜」

恵美子ちゃんが言う。

「彼女のベッドルームにある猫脚チェストの中を見せてもらうと、お花畑のような色とりどりのレーシーな下着が50セットもずら〜っと並んでた！　すれ違ったとき、素敵な香りがするから、男性に声をかけられるし」

「やっぱり香りなんだぁ」

と、きよちゃん。

「『この香水でもないふわっとした香りは何⁉』って聞いたら、ランジェリーを洗うときのフレグランス洗剤だって。年齢不詳の美女は細かいところまで抜かりないよ〜。やっぱりめでたくハーモニーリッチ婚して、『年齢は関係ない！』と言ってたよ」

「うわ〜、励まされるわ。香りと恋は永遠にオンナを綺麗にするんだ！　いいなあ〜楽しくなってきた、恋したくなる〜」

「私が使って効果ありのフレグランス洗剤は、〈ジェラート・ピケ〉の『デリケートウォッシングリキッド』で、南国に咲くジャスミンがふわりと香る。今日は〈フォクシー〉の『アロマウォッシュ』だよ。フルーティー、フローラルガーデン、シダー、アンダー、ムスクと、エレガントに香りが移行するの」

「あ〜、ふわ〜っといい香りです」

「そうなんだよ。女性って楽しいよね！　美しくなるためにやることがいっぱいあって！」

## ☆ゴールのイメージを持とう☆

「お部屋を女の子らしくすると、きよちゃんも女性らしい香りが漂うようになるよ。お部屋が汚いと香りに鈍感になるから強い香水をつけすぎたりして、ほどよくセクシーな香りではなくなるからね。きよちゃんの好きなインテリアの雰囲気にプラスして、今日は女性らしいかわいらしいものを置くようにしてみようよ」

「なんだか希望が湧いてきた感じがします！」

と、きよちゃんがうれしそうに言った。目の前のゴミの山に、

「素敵なゴールのイメージを持つといいよ！」

と、私がきよちゃんを励ます。そして、興奮しているきよちゃんがちょっと落ち着いた頃を見計らって、こう言った。

「どんなときも、まずはこうなりたいっていうゴールイメージを持つと気分がよくなってきて、掃除もしやすくなるの。うれしい気分でお掃除すると、あっという間に終わっちゃう！　まずはベッドサイドにある白いチェストから。これかわいいね。そう、ここにお花を飾ってみない？　お花の下にはレースのハンカチ、それから香水の瓶」

私はきよちゃんにプレゼントするために持ってきたバラの小さなアレンジメントを置いてあげた。すると、どんよりしていた部屋の空気がいきなり清々しく変わった！　と同時

に、すっきりした顔のきよちゃんになった！

「まだ掃除も始まってないのに、急に女の子らしい綺麗な場所が一つできた！　あ〜、早く部屋を綺麗にしよ〜」

「そうでしょう？　そこにお花があるだけで、〝その周りを綺麗にしてあげなきゃ〟っていうパワーが生まれるんだね！　じゃあ、きよちゃん、女性らしいというのはどういうことなのか、インテリアで実験してみようね。例えばそう、このチェストの上を女性らしい、きらびやかなフォーカルポイント（印象的な場所）にしてみよう。キラキラした写真立てにかわいく撮れてるきよちゃんを飾るの」

と、私はきよちゃんの写真を、持参したキラキラ写真立てに入れて飾ってあげた。これぞ、**自分を無条件で愛する最も効果的な方法なのです!!**

「うわ〜っ、かわいいっ!!　元気が出てきたぁ」

と、きよちゃんが飛び上がって喜んでいる！

「よかった〜。今度はこのチェストの上に、見るだけで癒されるスワロフスキーの小物を一つ置いてみようか。キラキラピンクのカエルちゃんの小物。これ、あげるよ。それから、バラをお部屋に飾って…」

「いや〜ん、女の子のお部屋〜！　よかったね、きよちゃん！」

と、恵美子ちゃんが言う。仁美さんは、きよちゃんへのプレゼントに持ってきたルームフレグランスを置いた。

「ねぇ〜いい香り！　最高ね！　高級ホテルの香りよ♪　私の家と同じ」

と、仁美さんウキウキ♪　そして私が通販カタログをペラペラめくって、ゴージャスなリネンのページをみんなに見せた。

「このページ、まるごと注文してみよう！　まずベッドは、上質でホテルライクなベッドリネンにしてみて。いつ彼を招いてもいいように！」

「えっ、彼氏はいないですよ〜」

「できてからじゃ遅いの。今からお迎えの準備をしましょう」

「なんか、気分だけはキュンキュンラブリー♪」

「カラーはピンク、白、などで。かわいくて清潔なベッドルームにしようね。間違っても今の黒いベッドリネンはやめとこう」

「明るい感じのほうが素敵な未来が来る気がします。パッと明るくなりますね！」

「それと、柔軟剤を使ったふかふかのハンドタオルを、いつ彼が来てもいいように用意しておいて。そういう心づかいが喜ばれるから」

　そして、チェストを開けてみる。

「きよちゃん、かわいい下着あるじゃない」

「あ、はい…」

と、恥ずかしそうなきよちゃん。

「レーシーでかわいい下着は、ショップのように綺麗に並べて収納しようね♪」

「うわー、チェストがお花畑になった！　女の子に生まれてよかった〜、ありがとう！　多美さん、仁美さん！」

「これも私からのプレゼント！　サンキャッチャーをお部屋にぶらさげてっと。これで完成！」

「きゃあ〜、上品セクシーなレディの部屋ね〜！」

と、一同感嘆の声。

「そして大事なこと。下着類は専用の洗剤で洗おう。おすすめは、〈ピーチジョン〉(http://www.peachjohn.co.jp) の『チャーミングホーム ランドリーシャンプー』よ」

## 彼がくつろげないインテリア

私たちの騒ぎようが気になったのか、きよちゃんのお姉さんがミルクティーを持って入ってきた。

「すご〜い、きよちゃん。急に女の子のお部屋！」

私は軽く会釈した。

「多美さんはいつ見ても素敵ですね〜。きよちゃんからいつもいろいろ聞いてます。よかったら、私の部屋もちょっと見てください。あの、こないだ彼氏に『居心地が悪いから帰る』って言われたんです！」

「えっ、いいよ！」

　と、入った10畳あるお姉さんの部屋は、まさにデスクにベッドだけ。仕事部屋みたいな雰囲気で蛍光灯が煌々《こうこう》としていて、整っているけどこざっぱりしすぎて寒々しい印象。

「ごめんね、言わせてもらうけど、まず香りがレディの香りではないの。それにほこりっぽいわ。最初にお掃除をしましょう。それからソファを置いて、大きな45㎝角ぐらいのクッションを2つ、小さいのも4つぐらい〈フランフラン〉（http://www.francfranc.com）で買いましょう。お仕事の本や書類はクローゼットの中にしまうの。それでキャンドルも3、4個、サイドテーブルの上に置いて、フォーカルポイントをつくるの。ここに大きなスタンドが2個ぐらいあってもいいね」

「よくわかりました。掃除と香り、ですね。蛍光灯は確かにくつろげませんね。ほかには何かありますか？　友達にも〝Ｍｒ．リッチが喜ぶ部屋〟を教えてあげたいんです！」

　と、お姉さんまでノートを取り出してメモをし始めた。

「そうやね〜、ホラーや気味の悪いポスターが貼ってあったり、意味不明なおまけのフィギュアや怖い人形がたくさん飾られた部屋はＮＧやね」

「え〜！　そんなお部屋がほんとにあるんですか⁉」（一同大爆笑）

「あるよ〜。ほかにもフランス人形や赤ちゃん人形や、京人形みたいに黒い髪の女の子の人形が、何十体もぎゅうぎゅうに押し込まれたキャビネットのあるお部屋」

「へえ〜ありえへん‼　それもう世紀末やん」

と、みんなお腹を抱えて涙しながら大爆笑。

「それから、ベッドルームに家族の写真が置いてある部屋。家族の見ている前で何かしようというムードにはなりにくい。結婚雑誌やウエディングドレスの本が置いてある部屋…」

「う〜ん、それは現実的に考えてしまうわ〜。なかったかな〜お部屋に」

恵美子ちゃんが言う。きよちゃん姉妹も笑いながら、お部屋を女の子らしく綺麗にすることに目覚めたようだった。

### Today's Lesson

**いつ彼ができても部屋に呼べるように、上品で清潔なインテリアにしておく！**

## Brilliant Buys

**✽ 美しく見えるおすすめの収納グッズ**

〈無印良品〉ラタン収納、ポリプロピレン収納

**www.muji.net**

**✽ 収納する場所に困ったら**

壁面ハンガーラック　収納の杜　**http://www.rakuten.co.jp/kaitekishuno**

**✽ 引き出しや洗面室の100円仕分けグッズ**

システムボックス S・M・L　ミーツ

透明整理ケース（1）・（2）・（3）ザ・ダイソー

クラフトケースMD、ペンスタンド　キャンドゥ

day
16

# かわいい部屋着やナイトウエアを買う。

## 家でも美しくきれいな装いを。

「せっかく女性として生まれたんだから、自分の体を楽しむ意味も込めて、ぜひ素敵な部屋着やナイトウエア、レーシーなランジェリーを買おうね。普段の生活でかわいいピンクのホームウエアを着ると自分自身が楽しくなれるし。見えない部分まで女性らしく装うことに気を配る女性は、男性にとっても愛《いと》しい女性に見えるのよ！」

仁美さんは力説する。

「きよちゃん、このよれたＴシャツとスウェットはバイバイしましょうね♪」

と、私。

「そうですね。それ着てたら恋もセクシーもないわ～」

と、仁美さん。

「人生哲学の本を汚いＴシャツで読んでいても、彼は現れないわ。美しいインテリアの中で、美しいランジェリーを着るきよちゃんに、彼は現れるの♪　いつも友達扱いで終わってしまうか、男性すべてがきよちゃんを女性として見るかは、女性らしく自分を表現できるかどうかなのよ！」

「そうか～、愛しく感じてもらえる女性を目指すんですね」

「いつ彼が訪問してきても大丈夫なように、かわいいホームウエアを用意しておこうね♪ホームウエアがかわいいと自宅でくつろぐときもまず自分がうれしいし、何か心から温かいものが込み上げてこない？　それは女性ホルモンが分泌されている証拠なの。お肌がつるつるもちもちになって、輝いてくるのよ。美しい女性は、誰も見ていないときや彼氏がいない時期こそ、かわいいホームウエアやレーシーな下着を楽しんで着ているものなの！仁美さんにすぐに彼氏ができたのはやっぱり、できる前から〝もう彼がいるもの〟として行動するようになったからよね？」

「女である限り、無人島に連れていかれてもセクシーでいたいわ～」

　みんなが「もう～仁美さんったら～」という感じで爆笑した！

「そこまで女を極めるって素敵ですね。でもやっぱり、私は抵抗があるんです」

　と、きよちゃんが言った。

「美しい下着を着るのがいやなの？　それってきよちゃんの女性性を否定していることだよ。かわいいホームウエアやレーシーな下着を着るというのは、女性らしい自分を素直に心から認めるという行為なの。きよちゃんが女性らしさを身につけるということなの」

「あ、わかった！　下着をつけることで強制的に女らしくなるっていうことですね？　じゃあとにかく買ってみます。とにかく理屈なしですね、その理屈が出会いを遠くしてたかも！」

「楽しいからやってごらんよ。変装だと思えば？　女性らしさを身につけた女性は、成功した男性のもとで強く輝くのよ！」

「年齢とかもあるのでは…？」

　と、きよちゃんのお姉さんが聞いてきた。仁美さんはすかさず、

「〝このファッションは私には若すぎかも…〟という考え方は、脳を老けさせてしまう原因なのよ！　まあ気持ちはわかるけど。でも家の中ならピンク色やマカロン色のレースやフリルのついた服でも抵抗が少ないでしょう。だからまずは部屋着をかわいくすることで自分が変わり始めるの。そしてそれを自分の体に覚え込ませるのよ！」

「そうか、家の中だし人も見てないからどうでもいいって思ってた。でも**24時間自分は自分をずっと見てるってことだ！**　24時間、誰とも会わなくても、自分とはずっと一緒。自分のためだけにかわいくするって、なんかすごく贅沢で、舞い降りてきたハートフルギフトみたい。心が温かくなるなあ」

「女の子って素敵ですね」

　と、きよちゃんが涙ながらにつぶやく。

「**自分を特別にしてあげられる女の子が、特別なところへ連れていってもらえるの♪**　さ

あ、今日からきよちゃんもお姉ちゃんも、特別なレディね☆」

「じゃあ、どういうのが上品セクシーなホームウエアとしていいの？」

「いつも主人に好評なのは、適度に体の線が出る膝上ぐらいのワンピース。ワンピースは胸のところで切り替えになっているものね。あと体のメリハリがわかるもの。ウエストラインにリボンがあったり、ウエストを絞り気味にしたワンピース。Ｖネックの少しぴったりしたロングＴシャツ。色は、白、ピンクなどの明るい色」

と、きよちゃん。

「う〜ん、女性らしいね。リッチにすっきり見えるのは？」

「シャイニーな素材のプルオーバーや、細く見えるおしゃれなヨガパンツなんかもいいね。パーカを着るときは胸のあたりまで開けておく、細いキラキラのカチューシャをつけるなどもいい。キッチンではシンプルなちゃんとした女らしいエプロンも好印象よ」

と、私が言うと、

「フリフリ、花柄、レースやりすぎは自分一人でのハデ家事専用にしてるの。テンションも上がるし。マキシドレスはおうちデート用に用意しておきましょう。外だと、背が低い人やぽっちゃりさんには難しいけど、おうちデートなら適当なリラックス感がＧＯＯＤ！だと思うわ」

と、仁美さん。

おすすめのブランドは、
〈ピーチジョン〉 http://www.peachjohn.co.jp
〈ラヴィジュール〉 http://www.ravijour.com
〈ジェラート・ピケ〉 http://www.gelatopique.com おうちデート用ワンピースに。
〈ジェシースティール〉 http://www.jessiesteele.com キュートなエプロンが揃う。
ネットで調べてみてね！

Today's Lesson

自分を特別にしてあげられる女の子だけが、
特別なところへ連れていってもらえる。

day 17

# 婦人科検診を受けよう！

## 健康、美しさはあなたの一生の財産。

ベネチアンでちょっとした夕食をみんなで楽しむことになった。千春ちゃんはばっちりつやつやリッチメイクでご機嫌♪　のはず、なんだけど…。

「多美さん、最近、体の調子がよくないんです」

「えっ、どうしたん？　もしかして、婦人科系？」

「そうかもしれません。肌ががさがさなのも生理不順が原因かもって思うんです。やっぱり女性ホルモンがちゃんと分泌されてないと、ピチピチのお肌にならないですよね」

「そうやね。結婚する大切な体やし、自分がまず心身とも健康でなければいけないね。すぐに婦人科に行こう。婦人科に行くと、女性として健康であるかどうか検査をしてくれるから。生理不順は体に無理をさせているサインだよ。毎晩何時に寝てるの？」

「だいたい12時は過ぎてます。朝は6時には起きてます」

「それはハードすぎ。もっと早くに休んだほうがいいよ。私もホテルで働いていたことがあって、毎日ハードな仕事で夜遅い勤務もたびたびで、働きすぎで生理不順になったことがあるねん。それで婦人科に行ったら、先生に『夜遅くまで働きすぎ、すぐに仕事を替えたほうがいい』と言われて。その後、仕事の量を減らして昼間にシフトを変えてもらって、体も何ともなかったからほっとしたよ！　やっぱり心と体の健康こそが、幸せな結婚につながっていくから！」

## 健康があるからハーモニーリッチ婚ができる！

「食生活にも気を使って、正しくバランスよく食べるようにしよう。朝ごはん、何食べてるの？」

「飲むゼリーとクッキーとコーヒーかな？」

「それはちょっと…。まずは少しずつ何か手作りをしてみたら？　パンでもごはんでもしっかり食べて、いい体づくりをしてみようよ。食べたものが千春ちゃんになるから！　お金持ちになるにも生きていくためにもぜったいに大事なのは健康！　億万長者マダムたちも、みんな健康にすごく気を使っていたからか、お肉よりもお寿司を好んで食べてたなぁ。お金持ちだからといって、毎日ホテルでの食事とか、美食とかでは健康を保つのは難しいし。お金持ちというのは意外にも毎日質素な食事を好んでしてるよ」

「美しく生きるために毎日食事を作る。それは自分を大切にすることにつながるし、それこそお金持ちって感じがしますね」

「知り合いに理恵子さんって人がいて、化粧品会社を経営しているんだけど、それはそれは美肌の持ち主」

「あの駅前の、エステとかもしてくれるところの？　あのオーナーは本当にむき卵みたいなお肌ですよね～」

「そうだよ～、45歳でハーモニーリッチ婚をした素敵な女性。彼女の毎日のお昼ごはんは、白ごま入りのごはんに卵焼き、海苔、納豆とみそ汁か、ざるそばだって！」

「うわ～地味！　エルメスのバーキンに卵焼き。イメージ崩れるけど…。確かに毎日外食じゃあ、あのプロポーションって保てないよね～」

「私も普段の食事は和食。お肉は大好物やけど、月に2度まで！　今のうちに、お母さんにお料理を教えてもらい。**健康に気を使う人とそうでない人は、40代になった頃に急に老けだす人と若々しくなる人の差になって表れる**から。今からでも遅くないので、食生活を見直して健康を楽しもう！」

Today's Lesson

## 心と体の健康こそが、幸せな結婚につながっていく。

day 18

# お金持ちになるお金の使い方を習得する。

## 収入の1割は健康に投資、本は最低月に10冊読む。

「多美さんたちに出会うようになってから、お金の使い方も考えるようになったんです。一つ一つのことが、ハーモニーリッチな未来につながるお金の使い方なのかな、って」

と、千春ちゃんが言う。

「ハーモニーリッチ婚をするなら、お金持ちになるお金の使い方を習得しよう♪　お金持ちはお金を持っているだけではなく、自分に有効に投資することで、次のお金を生み出すような使い方をしているよ。今、千春ちゃんのハーモニーリッチ婚に必要なのはズバリ、自分の健康と美、そして、知性への投資なの！」

「多美さんや仁美さんが独身だった頃は、どうお金を使ってたの？」

それに仁美さんが答えた。

「当時のお金の使い方は、10万円の収入に対して、3万円は実家の母に生活費として渡し、2万円は美容代、1万円は健康のためのサプリメントに使い、1万円は洋服代、1万円は書籍代というところかな。残りは1万円貯金をして、1万円は遊び代。でもほとんど、遊ぶといっても仕事と子育てばかりだったので遊んでなかった。多美さんから教わった通りの投資バランスにしたけど、この中で一番将来の財産になったのは、サプリメントを購入し飲んでいたこと」

そこで私がサプリメントを摂取する理由を説明した。

「若いときから地道に健康と美のメンテナンスをしておくのと、しておかないのとでは、65歳の時点で大きく違いが出る！　65歳で何回目かの（?）ハーモニーリッチ婚だってあるかもしれないよ！」

「へえ〜、サプリなんて飲もうって思わなかったなあ〜。ぼちぼち元気だし」

「そう、若いし元気だから今はいらないって思っちゃう。でも今が肝心！　例えば『新GG』（SONOKO　www.sonoko.co.jp）は肌にいいし、元気になるし、おすすめよ」

「わかった、飲んでみよう！」

「次に大事なのが本を購入するお金。本を読むことは千春ちゃんの財産になるよ。本を読んで勉強していたおかげで、主人と出会ったときにたくさんのビジネスのアイディアを提供して会社を助けることができたの。千春ちゃんの愛する彼から、仕事の話を聞いてあげられるようになる。それはほかの女性にはない千春ちゃんの武器になるよ。**知識の引き出しをいっぱい作っておくために、知性への投資を忘れないでね！**」

「なんでも少しずつ始めるっていうのがコツだね〜。本も買ってみるね」

「長いスパンで考えると、ちょっとのメンテナンスでいつまでも元気で美しいのは、結局お得よ。若いときにサプリメントや本に使う1万円は、投資としてはハイリターンね！」

## お金持ちマダムになるためのお金の使い方

・本は1カ月に10冊は読む。ジャンルは問わない。自分が読んで面白いと思うものならなんでも可。

・収入の1割は健康に使う。余ったお金は美容代に使う。

・愚痴や泣き言を言う付き合いにはお金と時間を使わない。

・見栄でモノを買わない。

・高い家財道具を持たない。

・洋服は高級ブランドでなくても素敵で自分に似合うものを選んで買う。

・高級ブランドの洋服、時計、バッグをクレジットカードのリボ払いで買わない。

・旅行に行くなら、一人でお金持ちのいる場所へ行く勇気を持つ。

・なりたいと思う人のワクワクするセミナー、講演会に行く。

## 貧乏になるお金の使い方

・多額の生命保険に入る。
・一人でクラブやバーに入りびたる。そういう場ではまともな相手に出会えることが少ない。
・化粧品をケチる。結局、美しくなれないため、モテない。
・車をローンで買う。ただし車がなければ生活できない地域は別。
・好きでもない人とのデートでお金を払う。自分もみじめになるだけ。
・愚痴を言い合うだけの意味のない飲み会に行く。
・余った収入を全額貯金にまわす。

**Today's Lesson**

**貯金ばかりしないで、将来を見据えた有効なお金の使い方を知る。**

day 19

# ネイルをシアーカラーに塗ってみる。

## デコラティブなネイルアートや赤黒いネイルは敬遠される。

「千春〜、その長い真っ赤なネイル、なんとかしなさいよ〜、接客業なんだしね」

千春ちゃんのお母さんがあきれながらカウンターで言った。

「え〜、だめなの？　多美さんどう思う？」

「そうね、真っ赤で長いのはちょっときついかな。きよちゃんはネイルにどんな色を塗ってるの？」

「私、ネイル塗ったことがないんです。やっぱりしたほうがいい？」

「うん、ハーモニーリッチ婚した女性たちに聞くと、かわいいネイルを楽しんでいた人が多いよ。ネイルサロンなどに行って高額なジェルネイルやスカルプをしていたわけではなく、キラキラと輝くネイルカラーを自宅で楽しんでいたみたい！」

「お金持ちって、いつもサロンでケアしてもらうイメージがあったけど、意外〜」

と、千春ちゃん。

「きよちゃんたちも休みのときぐらいは、少しかわいらしい桜貝色のネイルを塗ってみようよ！　ツヤのある手先はとても素敵よ！」

と、仁美さんがつやキラの白魚のような、セクシーな指先を見ながら言った。

「流行っているからって、デコラティブなネイルアートや赤黒い色、緑、青といった手先の色としてあまり上品ではない色はやめておこう。濃い色はおばさんに見えてしまうだけじゃなく、妖怪人間のようで恐怖感を男性に抱かせてしまう！」

と、私。

「かなり怖〜い！　だけど私も怖く見られていたのね〜（笑）」

「〝流行かもしれないけど、豊かで上品な彼に好かれるのか？〟という観点を忘れないで。千春ちゃんの趣味を否定するつもりはないよ。そういう色はぜひフットに塗ってみれば？それに彼と手をつないだり、握手をしたりするときに、手は顔以上にとても大切なの。初めて手に触れたとき、柔らかく白い手の感触は、彼に一生忘れられない感動をもたらすんだから！　それがもっと触れたい、触りたい、になるの。モテる女性ほど、体の隅々まで手入れを怠らない。かちかち、ガサガサの手ではセクシャルな気分になりにくいわ」

「ハンドクリーム、買いに行きます！」

## 自宅でできるキラキラハンドの作り方

・SPF30以上の日焼け止めを毎朝、化粧前に塗る。
・一週間に1度はマニキュアを塗る（ジェルでなくてもよい）。
・食器洗いをするときは、ハンドクリームをたっぷりつけたあとゴム手袋をする。
・手洗いなど水に触れたあとは必ずハンドクリームを塗る。
・寝る前にはヴァセリンを手先全体に塗ってコットンの手袋をはめる。
・つめで缶のプルトップを開けたり、封筒や箱を開けたりしない。つめでステッカーをはがさない。
・朝晩、キューティクルオイルをつめの根元に塗る。
・スクエアオーバル形につめをととのえる。長さは、指先から長くても1㎝未満。あまり長いと下品。
・シアーピンクまたはベージュのかわいい色のネイルカラーを塗る。ビジネスから結婚式まで対応でき、うまく塗れていなくても綺麗に見える。

Today's Lesson

## 愛する人のため、手のケアをしっかりと！

## Brilliant Buys

**✽ おすすめ手袋**

「ハンドケアグローブ」

エリコネイル　**http://www.erikonail.com**

「女優さんのおもいっきり手袋」

中沢信子の発明品　**http://www.kiroro.com**

**✽ ハンドクリーム**

「FTC パーフェクト ハンドエッセンスR」

フェリーチェ トワコ コスメ　**http://www.felice-towako.co.jp**

**✽ ネイル**

「RMK　ネイルカラーEX　P-08」モテネイル。ジェルにまさるつややかさ。

RMK　**http://www.rmkrmk.com**

「ジルスチュアート ネイルラッカーN リトルクイーン」容器も宝石のよう。

見るだけでハッピーホルモンUP。プレゼントにも必ず喜ばれます☆

ジルスチュアート　**http://www.jillstuart-beauty.com**

「OPI　ネイルラッカー」色持ち、質感ともにNo.1。

OPI　**http://www.opijapan.com**

**✽〔参考〕ネイルケアにおすすめのオイル**

ネイルの根元に。

「セイケイ美容オイル」銀座まるかん

**http://ginzamarukan.jp/**

day 20

# 一人暮らしを経験してみる。

## 家族からの独立は、素晴らしい投資。

「みいおばあちゃんの『結婚はいつ?』攻撃にはほんとに疲れてしまいました〜」

と、千春ちゃんが電話してきた。それで、ちょっとリヨンに集まろうということに…。

「みいおばあちゃん、心配してるんだね。大変だろうけど、同居している家族とはできるだけ仲よく、ね。それが、次のいい出会いをするためにとても大切だから」

「家に帰ってくるとき、仲よくしようって心に決めて家に入るけど、やっぱり四六時中いろいろうるさくて…」

「ハーモニーリッチ婚をする女性はたいてい、家族との付き合い方がとても上手なんだけど、中にはやっぱり千春ちゃんが悩んでるみたいに、〝家族問題でちょっと…〟っていう女性もいたよ。それを解決するには、気に入らないことがあったとしても、家族を許す気持ちを持つこと。さらには自立するのがいいと思うよ。同居していながらケンカをしていると、どうしても毎日が楽しくないでしょう?」

「そうですね、自立の時期なのかな〜」

「仲よくするといっても、ほんの少しのことをするだけ。自分から進んで『おはよう』と声をかけたり、仕事帰りにおみやげを買っていってあげたり、ちょっとしたことが家庭円満になる秘訣！」

「わかりました。思いやりの心から始めてみようかな！」

## 生活をハーモニーリッチにデザインする♪

次の日。

「やっぱりうまくいきません。みいおばあちゃんのことをポジティブに思おうとすればするほど、つらくなりました」

千春ちゃんがしょんぼりとリヨンに入ってきた。

「うん、よくわかるよ。急に仲よくしようとしたり、ポジティブに相手をほめようとしても、なかなか難しい。本当にどうしてもうまくいかないのなら、次のステップとして、一人暮らしを考えてみたら？　一人で暮らすことで、一緒にいたらわからなかった家族のありがたさがわかるようになるし。それに千春ちゃん自身でもっとハーモニーリッチなお部屋にしたりもできるよ。それに彼も呼べるよ～♪　今朝みたいに、朝から落ち込んでしまうこともないやん？」

「本当に何度、気分最悪な朝が始まったことでしょう…。もうそれもなくてすむんですね」

「そう。一人暮らしは最初は費用がかかるけど、うまくいかない人間関係にイライラしながら若い時間を無駄にしていくことを考えれば安いもの。気分よく毎日リッチなキラキラピカピカインテリアの中で楽しく暮らして、それでハーモニーリッチな出会いがやってくるのであれば、一人暮らしをするための50万円くらいは、いい投資やで」

「それはものすごく気分がいいです♪」

「お金はかかるけど、**いい気分で生活できるこの今の時間が財産！　断言するわ、お金はあとからまたついてくるから！**」

「今日、お部屋見学に行ってきます。それも高級住宅街の♪」

「家族と毎日会うのがしんどいなら一人で暮らす。1年から半年に1回会えばいいのなら、それでいいの。無理して仲よくしようとすると、余計にしんどくなるからね」

「〝家族だから仲よくしなきゃいけない！〟って思い込んでました」

「家族はとても大切だけど、千春ちゃんにはこれから始まる素敵な人との関係も大切。離れることで家族に愛がなくなるわけではないし。それに千春ちゃんも大人の女性になって素敵な下着を着るのに、両親がいてはなかなかセクシャルな気分になれないし、恥ずかしいでしょ」

「そうですね、『ピンクのフリフリ下着、どこに干すの？』と考えると恥ずかしいですね」

「離れた家族に対しては、感謝の気持ちを持てればいい。思っていれば、言わなくても相手に届くから。例えば、『お仕事大変かな。体大丈夫かな』と思ってみる」

「小さいときよく遊んでくれたな、とか思い出すのもいいですか？」

「うん。あと『私がハーモニーリッチ婚できるのも両親のおかげだな』と思ってみるとか」

「思うことだけならできます。今は近すぎるからだめだったのかも」

「私もね、家族や両親に対してそんな思いを持ちながら仕事をしてたら、デートの誘いが多くなってきてね。家族に感謝すると、他人から見える私の雰囲気が、やさしくかわいくなっていたのかも。逆に言い合いをして家を出ると、電車のタイミングが悪かったり、気持ちもノッてこないとか、いい出会いがありそうな雰囲気に自分を持っていくのが大変だった。**両親や家族がいるから今の自分がいる。それにいつも感謝**やね。そこを大切にするからこそ、ハーモニーリッチな出会いにつながる。今日はマンション探しに行こう♪」

「はい、お願いします！　気分がゴージャスになってきました♪」

**Today's Lesson**

幸せなハーモニーリッチ婚ができるのも
家族のおかげだと、じんわり感謝してみる。

day 21

# 高級住宅街でウォーキングを始める。

## 体も心もエネルギッシュで前向きになれる。

プログラムを始めてからというもの、心身ともに元気いっぱいになってきたという恵美子ちゃん。家の周辺で一緒にウォーキングをすることにした。

清々しい朝日が昇り始める朝5時、恵美子ちゃんとまだ誰もいない美しい川のほとりを歩くと、朝風がほんのり冷たくて最高に気持ちがいい。

「高級住宅街の朝ってほんとにリッチなムードですね～」

「ゴミ一つ落ちてないし、本当に気分がいいね。これからいいことがた～くさんある、私の未来は私が決める、ここからつながっていく世界にはすごいことが待っている！　って感じない？」

「そうですねえ、こんなに気分がいいなんて」

「歩くだけで豊かな気持ちになるね」

「多美さんはもうどれぐらい、この辺を歩いているの？」

「高級住宅街を歩くのはそうだな…、もう15年ぐらいかな」

「え、結婚する前から？」

「そうだよ。一人で考えたり自然を感じる時間がたくさん必要なの」

「そうか〜、そうやって自分でハーモニーリッチな世界を保つような生活なんだぁ」


向こうからやってきた初老の外国人が「おはよう」と声をかけてきた。

「あ、おはよ〜、エリック！　今度、取材に行くからよろしくね！」

「ＯＫ！」


「多美さん、今の人、誰？」

と、恵美子ちゃん。

「電子端末を作ってる〈カネヨ〉っていう会社の社長さん」

「え、あのカネヨの？　どうして知り合いなんですか？」

「ここで散歩してたら出会ったの。業界でも健康マニアで有名らしいよ」

「へぇ〜、それで友達になったの？」

「そう、歩いているだけで出会う人も人生も変わってきたと思うよ」

「リッチな場所を歩くだけで人生が変わるかぁ。別に出会いが目的じゃなくても、気分のよさは最高だし…」

「そうなんだよね、出会い目的ってだけだとなんかせこいし。気分がいいし歩こう、楽しもう！　っていう感じがリッチでいいよね」

「あ〜、なんかわかります。出会い、出会いってがんばるのって、せこせこして貧しい気分。そう考えただけでもう、しんどくなります」

「そうそう。いいことをたくさん見つけよう！　そうすれば食事もおいしいし、それにウォーキングはヒップもバストもアップしてきて、恵美子ちゃんならではのベストプロポーションになる。いいこと尽くしだから、ハーモニーリッチ婚してからも続けよう！　中には歩いてるときに男性に『お茶に行きませんか？』と誘われたり、道案内を頼まれたり、ちょっとしたキュンとする出会いがあった友達もいたよ」

## エクササイズを楽しんで無理せず習慣に

「でも、続けられるかなあ〜って思っちゃうんですよね…」

と、不安げな恵美子ちゃん。

「ウォーキングが長く続かない原因は、毎日決まった時間にやろうとするから。別に早起きしなきゃいけないわけでもないよ。恵美子ちゃんは朝弱いって言ってたね。例えば出勤時、駅まで自転車だったのを歩いてみるとか、または会社の一つ手前のバス停で降りてルンルン歩いてみる！　こういう細切れの時間をエクササイズにあててみたら？　おしゃれでラクな通勤シューズもあるよ！」

・「ウェルフィット」ダイアナ　http://www.dianashoes.com

「あ～！　それならできそうです♪」

「それから、わざわざ一つ遠いコンビニ、歯医者、美容院まで歩いてみたり」

「バスや電車を使ってたところを少しずつ歩いたり、自転車に変えてみるんですね！」

「もうね、ちょっとでもネガティブになったり、もや～んとしてきたら、気分転換にとにかく少しでも歩く！　ゴチャゴチャ考えないで体を動かすだけでもぜんぜん違うよ♪」

「聞くだけで気分がスカッとしてきました。通勤が楽しくなりそうです♪」

「あと運動後もいい香りを保つのを忘れずに！　携帯用のパウダーやスプレーを持ち歩けば大丈夫よ！　香りは大切よ♪」

・「ビオレ　さらさらパウダーシート　ホワイトシャルドネの香り」　花王

・「エージープラス　パウダースプレー　クールタイプ」　資生堂

**Today's Lesson**

**生活にウォーキングを取り入れるだけで、健康リッチに過ごせる☆**

day 22

# 積極的にどんどん一人で外出しよう。

## 出会いとは「出て会う」もの。

「私、外出はほとんどお母さんや友達と一緒なんです。それでもいいのかなあ～」

と、きよちゃんがまた訊ねてきた。

「一人でいるときにこそ、いろんな人との新しい出会いがある。これからはきよちゃん、できるだけ一人でどこでも出かけようよ」

「最近は買い物も携帯からなんでも買えるし、家から出ること自体、少なくなりました」

「うん。でも自宅でネットショッピングをしていても、きよちゃんが求める人との出会いはないよ。できるだけ一人で出かけるようにして、街中の男性の目線を気にして歩こう！」

「それは、街を歩くだけでいいんですか？」

「そうそう。私の友達は〝愛されリッチファッション〟で六本木ヒルズを歩いていたら、歯医者さんに声をかけられてお付き合いが始まったよ！　生まれて初めて男性から声をかけられたと感激してたわ！　でも彼女が友達と連れ立って歩いていたら、まず声はかけにくいでしょう？」

「街で声をかけられるって意外に多いんですね。出会いはその辺にゴロゴロしてますね。そうは言っても、一人で出歩くのはやっぱりちょっと…」

と、きよちゃん。

「出会うのがちょっと怖いって思ってるきよちゃんに魔法のおまじないがあるよ！　不思議と出会いたくなるようなおまじない」

「えっ、何ですか、それ？」

「うん、それはね、『出会い』という単語を１０００回つぶやく！」

「えっ、それだけ？」

「うん、それだけ。結局、このプログラムってなんも難しいことないねん。簡単なことを一生続けるだけ。それで結果が出る。１０００回言い終わるころに、**〝出会いとは出て歩くから出会いなんだ〟と理屈でなくて、体でわかる**ので、どんどん出かけたくなる！　出会えるとか出会えないとかすら考えずに、行動したくなってくるよ。そしたら出会う。そういうもの。楽しんでやってみて！」

**Today's Lesson**

**出会うのがちょっと怖い、そんなときは魔法のおまじないを１０００回つぶやく！**

# day 23

# 愛されリッチクローゼットに改造する☆

## 今まで愛されなかった服はすべてゴミ箱へ。

今日は千春ちゃんのお部屋に集合！　前回のきよちゃんの部屋のお掃除見学を参考にして、千春ちゃんなりにリッチなインテリアにしたから見にきてほしい、というリクエストを受けて。

「すご〜い、ゴ〜ジャス！　シャンデリアつけたの？　かわいい〜！」

恵美子ちゃんが感嘆の声を上げた！

「お姫様の部屋って感じ〜」

と、きよちゃん。

「怖い話の本が本棚からなくなったね〜」

と、仁美さん。お菓子を持ってきた千春ちゃんに私も、

「ずっとよくなったよ〜。居心地最高♪」

とほめた。でも千春ちゃんがお菓子をデスクに置いて、おもむろにガラッと白い扉のクローゼットを開けた瞬間、ガラガラ〜ッ！　モノと服が雪崩のように落ちてきたのだ！

仁美さんはあわててクローゼットの中に押し戻そうとした。

「問題はこのクローゼットなんです。仁美さんのお宅にあったお洋服と、この私の洋服の違いがありすぎて…。何を着ればいいの？　パニックなんです！」

と、泣きそうな千春ちゃん。

「まずね、千春ちゃんは大切にされ、愛される女性であるべきなの。とにかく今日は〝愛されリッチクローゼット〟に改造しようね！　〝愛されリッチ〟なファッションって、ハーモニーリッチな上品で素敵な男性に好かれるファッションなのね。万人受けするものではないの。一部のお金持ちの男性が千春ちゃんのファンになればいいのであって、ターゲットのないファッションでは誰に好かれたいのか、どう思われたいのかがぼんやりしてしまうの」

「今までは、流行りだから、楽だからという理由で、その場その場で購入して、結局コーディネイトができなくなって、この通りなんです」

「うんうん、わかるよ。まずは、自分も楽しくて、自分に愛されるファッションが一番大切」

「えっ？　自分に愛される？　リッチな彼から愛されるんじゃないの？」

「まずは自分自身が〝楽しいな〟〝かわいい〟〝素敵！〟って思えるファッションをしよう！　自分から愛されない人は、人からも愛されないからね！」

「そうか〜、目からウロコ」

真剣なまなざしの恵美子ちゃん、きよちゃん。

「リッチファッションというのはファッション雑誌に掲載された流行りのものとは違うの。ファッション雑誌は新しい商品を次々に売らなければならないから、いろんなデザイン、柄、色を売り出すでしょ。同じものばかり売っても売り上げは上がらないよね。流行に流されてる人は、ストリートファッションが流行るとそのままストリートファッションになってしまいがちなのね。中には、お肌も申し分なく、スタイルやヘアもばっちり完璧で、破れたジーンズをかっこよく穿いてる人もいるけど、そこまで行くのはすごく大変」

　と私が言うと仁美さんが、

「そういうファッションはかなり作り込まないと完成されないのよ。それよりも、ワンピース一枚で千春ちゃんがかわいく見えて愛されるんだから、そっちのほうが簡単でいいわよね」

　と、服を片づけながら言った。

「そこにダメージ加工されたジーンズがありました…」

「どうする?」

「捨てます。確かにそのジーパン穿いてていい出会いってなかったな〜。ぱっとしない軽い男の子ばっかりで」

と、千春ちゃん。

「どんな男性と出会うかは、ファッションで決まるのよ！」

と、仁美さんが力説した。

**Today's Lesson**

**誰に好かれたいのか？　ターゲットを明確にしてコーディネートを考えよう。**

day 24

# もう着ないブランド品は宝の山、オークションに出品しよう！

## 高価で落札されるための、オークション必勝ガイド。

「さあ、まずはお掃除ね！　クローゼットにある服を全部出しましょう！」

私のかけ声で、みんなで手分けして千春ちゃんの洋服を部屋いっぱいに広げた。

「ふ〜、こんなにいっぱい買ったのに。『役に立てなくてごめんね』って服が言ってる気がするよ」

と、千春ちゃん。

「服もかわいそうだからね。その服をお清めして捨てるか、オークションに出そうよ」

と、私。

「それなら、罪悪感から救われる感じ」

「愛されファッションの洋服だけ仕分けていこう。ちょっと続けててね」

と私はいったん外出し、ハンガーを買いに行く。

・「マワレディースハンガー」　http://www.mawa-hanger.com

・「ジャスコ　トップバリュ　すべり止めハンガー」
http://www.aeonretail.jp
場所を取らず、服が滑らない上質でお手頃価格のハンガーだ。

「ただいま。お洋服片づいたかな？　ハンガーを揃えるとクローゼットが広くなるよ」

「すごい量のハンガー。何本買ったんですか？」

「ざっと100本ほどよ。さあ、ハンガーにお洋服をかけていきましょう」

「結局、どれを捨てたらいいのかわからなかったです〜」

「じゃあ、今から言う通りに机の上に置いていって。まず、破れてたり、ウォッシュ加工されたジーパンにスカート。その手のスカートはスタイルのいいモデルさんが着るとよく見えるけど、着こなしが難しいから×ね」

## 愛されない服の例

・腰上まであるジーパン。
・マイクロミニのスカート（露出しすぎはNG）。
・ヒップハングのジーパン（下着が見えるので下品）。

post card

お手数ですが、
50円切手を
お貼り下さい。

104-8003

東京都中央区銀座3-13-10
(株)マガジンハウス
「キラキラハーモニーリッチ
プレゼント」係 行

ご住所 〒 □□□-□□□□

e-mail：

| お名前（ふりがな） | 年齢 |
| --- | --- |
| | ご職業 |

お買い上げ書店名

1. ご結婚されていますか?　　Yes　No

2. これから結婚される方も、されている方も、
どんな夫婦を目指したいですか?

[　　　　　　　　　　　　　　　　　　　　]

3. 未婚の方へ。どのくらいの年収の人と結婚したいですか?

[　　　　　　　　　　　　　　　　　　　　]

4. この本をお買い上げいただいた理由を教えてください。

[　　　　　　　　　　　　　　　　　　　　]

5. この本で一番良かったと思ったところはどこですか?

[　　　　　　　　　　　　　　　　　　　　]

6. すぐに実践してみようと思ったテーマはありましたか?

[　　　　　　　　　　　　　　　　　　　　]

7. 著者へのメッセージがあればおねがいします。

[　　　　　　　　　　　　　　　　　　　　]

8. プレゼントの希望コースは?

A コース　　B コース

9. このハガキのご回答を、
今後の著者の著作、ブログなどで使わせていただくことを
ご了承いただけますでしょうか。

使用可　　匿名であれば使用可　　使用不可

・タートルネック（太って見えて、セクシーでない）。
・ネズミ色、茶色、紺色、泥色、黒などの暗い色調の服。
・迷彩柄の服。
・カウボーイブーツ。
・クロップドパンツ。

「今日は『5kg太って見える愛されないカットソー&アクセサリー』と、『5kgやせて見える愛されカットソー&アクセサリー』の違いを教えてあげるよ」

「ぜひ聞きたいです！」

みんなが膨大な量の服を必死により分けながら聞いている。

「ボートネックは×→スクープネックに。クルーネックも×→深すぎないVネックに。マフラーやショートスカーフを首に巻くのは×→ロングスカーフをルーズに巻く。チョーカーネックレスは×→ロングチェーンのネックレスに」

「え～なるほど、見せ方なんだね」

と、恵美子ちゃん。

「愛されないファッションアイテムの例を書いておきます。参考にして！」

「みんな、それが一番聞きたいんじゃないの？」

と、仁美さん。

ざく編みケーブルニット／ニットジャケット／ショートパフスリーブのブラウス／肩パッド入りの服／2年以上着ていない服／いやなことがあったときに着ていた服／ギャンブルに行ったときに着た服／前カレに買ってもらった服

千春ちゃんがリストを見ながら、次々にあれもこれもとゴミ袋に捨てていく。

「着られそうなブランドの服はブランドごとにまとめておいてね。あとすべてはゴミ箱へ、今すぐGO！」

「ブランド物ごとに分けてみました、破れているのも取っておくの？　D&Gのワンピなんだけど…」

「ぜったいに捨ててはだめ！　オークションで高く売れるから」

「えっ、破れたのでも？」

「着る人がいるのよ～。私の友達がディオールの10年前のブラウスを出品したら、破れてたのに9000円で落札されたよ」

と、仁美さん。

「え～！、じゃあこのブランドのお古は宝の山⁉」

「宝の山にするにはコツがあるのね。ブランドごとにコーディネートできるものはしておく。そして必ずロイヤルクリーニング（高級服用のクリーニング）すること。さらに出品するときは〈ロイヤルクリーニング済み〉と書くのよ！　それですぐに高値で落札されるから」

「うわ〜っ多美さん、実践的！」

「ここに代表的なオークションのサイトを書いておくね」

・〈YAHOOオークション〉　http://auctions.yahoo.co.jp
・〈MSNオークション〉　http://auction.jp.msn.com

夏物は夏に、冬物は冬に売るのが、高く売るための鉄則！　オークションの相場も調べておく。

・〈オークファン〉　http://www.aucfan.com

「このグッチのバッグは1円からスタートしよう。それに今日は金曜日だから、今日出品しなきゃ」

「えっ、いきなり⁉」

　私はバッグから取り出した日焼け防止用の手袋をはめて（高級品に見えるように）、携帯で写真を撮った。そしてものの3分でオークションに出品した。

「早いですね〜」

「出品のタイミングでベストなのは、まず金曜日。それから大型連休、お盆、お正月の前。みんなが休みになる前にスタート、休み最終日に終了すると一番高く売れる！　終了時間は23時にすること。テレビなどのゴールデンタイムをはずす。これは簡単だけど大切なポイント。ここを押さえていればだいたい高く売れるよ」

「あっ、いきなり５０００円の値がついてるよ」

　携帯を見ながら千春ちゃんが喜んでいた。

「ブランドリサイクルのお店では３０００円って言われたけど」

「仁美さんの友人もオークションマニアなんだよね～。ヤフーオークションでフェラガモの財布（箱付き、３年間愛用）が４５００円で落札されたそうだよ」

「えっ、使った財布でも？」

　と、恵美子ちゃんびっくり。

「モテなかったあるブランドのワンピース、穴もあいていたけど９７８５円で落札されたそうだよ」

「そのブランド、いっぱいこのクローゼットに入ってるよ…」

「結局その友達は、クローゼットのお掃除で出てきた服、アクセサリー、時計、かばん、小物で合計９万８０００円ほどになったんだって。そのお金を持って私と一緒に愛されリッチファッションショッピングに行ってきたよ♪」

と、仁美さんが言った。そのあと20点ほどオークションに出品した。

週明けに、千春ちゃんから電話があった。

「多美さ～ん、なんと全部で12万円にもなりました！　10年前のグッチのバッグも1万5000円！　気分最高♪　過去もすべてすっきりさっぱり！　さあ買い物に連れてって～」

「よかったね～☆　ＯＫ！」

**Today's Lesson**

**オークションを使いこなして**
**クローゼット整頓、買い物資金も稼げる！**

day
# 25

## 愛されリッチファッションとは？

### 触り心地がいい、明るい色、キラキラがポイント。

女の子たちと待ち合わせをして服を買いに行くことにした。その前にリヨンで千春ちゃんと二人、お茶をしながらみんなを待つ。

「先日多美さんがちらっと話してた、愛されリッチファッションって何ですか？」

と、千春ちゃんが聞いてきた。

「千春ちゃんがこれから買う服のどれもが、上品でリッチな彼に愛される服なの。千春ちゃんが一番美しく素敵に見える服、10歳若く、10キロやせて見えて、10倍よく見える服なの。さあ、それをノートに書いて唱えよう」

「へぇ、そんな服ならいいことがいっぱいありそうですね」

「私の経験から言うと、10歳若く見える服は、お金持ちに好かれる、明るく華やかに見える、素材がいいから触りたくなる、元気がないときも元気よく見える。さらには、着ているうちに本当に元気になってくる。そんな服は暗い人や貧乏神が寄りつかない。前向きになれて、どんな人ももっと美しく見える。そしてうれしいままの人生になる。このくらいのメリットはあるよ」

「ファッションだけで、そんなにいいことがいっぱいあるなんて！」

「愛されリッチファッションに流行はまったく関係ない。体型を隠すようなルーズな服が流行っても、着てはダメよ」

## 今すぐに愛されリッチファッションになれる！

私は「愛されリッチファッションになれる洋服」と書いたファイルを千春ちゃんに渡した。

「これを参考に買い物に行こう！」

「こうやってまとめてあると、よく考えてから買えそう。仁美さんや多美さんのおすすめも書いてありますね」

「書いたのはあくまでもスタイル。ブランドにこだわる必要はないよ。値段も自分に合うものを上手にリッチな小物とアレンジすれば、ぐっと服の値段は高く見えるから。男性は服の値段は見てないよ。上品でセクシーならＯＫなのね」

「ありがとう、参考にしますね！」

## 愛されリッチファッションになれる洋服

ワンピースはコーディネートがいらず、着るだけでいいので、突然のお誘いにも安心。誰でも似合う。顔映りが美しく、アクセサリーでキラキラになる。ボン・キュ・ボンに見えるワンピースを選ぼう。

愛されリッチファッションの色

・白、アイボリー、ピンク、パステルカラー、薄い水色、若草色、黄色など
・ボルドーのような上品な赤
・紫、茶、黒、深い青、紺色は、素材やデザインを選んで決める。例えばボディの露出が多く、体の線がある程度出るもの。

触り心地のよい素材

・モヘヤ、シルク、コットン、プレミアムウール（ちくちくしない）

キラキラアクセサリーの例

・ラインストーン、クリスタル、金。ブランドでは〈スワロフスキー〉〈アビステ〉など

難易度の高いキラキラの例

・ジーンズにキラキラリメイクシールを貼る

・カットソーにキラキラのシールを貼る

いずれも貼りすぎると下品になる。それならシンプルなカットソーにキラキラアクセサリーを足したほうが上品。

愛されない例

・黒、茶、紺、などの暗い色の首の詰まったタートルネック、ワンピース

・丸襟つきのワンピース（10kg太って見える！）

**Today's Lesson**

**一生キラキラ愛されファッションしか**
**着ない、と決めて生きる♪**

## day 26

# 愛されリッチショッピングの前に、髪をスタイリングしておく。

### セルフイメージを上げておくことが、素敵な洋服を選ぶ第一歩。

「千春ちゃん、ちょっとついてきて！」

と、やってきた仁美さんと私の3人でベンツに乗り込んだ。しばらく走って車を止めたのは、高級住宅地にあるお城のような美容サロン♪

「ようこそ、松田様」

と、男性のかっこいいドアマンが重厚な扉を開けてくれた。

「ねえ、なんでいきなり。ここって会員制でカットだけでもとっても高いのでは…」

と、千春ちゃんがびびっている。予約していた時間が来るまで、巨大なシャンデリア輝くサロンでお茶をいただいた。

「これから千春ちゃんは、どっしりとダンディーで素敵な旦那様のサポートをする女性になるのよ！　そのためにはセルフイメージを上げる必要があるの。ここは多美さんのおごりだそうだから。ねっ、多美さん」

と、仁美さんがお茶を飲みながらウインクした。

「これからは美容院で綺麗にスタイリングしてからショッピングに行きましょうね♪　愛されファッションを購入する前にまず、千春ちゃんの気分をデート前と同じようにラブリーに高めていくことが、素敵な愛されファッションに出合うコツ！　買い物は、気分のよくないときに行くのはぜったいにやめてね！　気分をよくするために買い物に行くと、普段決して選ばないような色や形を買ってしまったり、流行りだからとりあえず買っておこうとしたりして、結局愛されファッションの目的からはずれてしまうのよ」

　と、私。

「そうなんです!!　私、気分がよくなりたくて、今まで買い物に出てました。でもダメでしたね、どうでもいい服を買ってしまって。本当にこないだのクローゼットの片づけで身にしみました…」

「そうなのよ。だから愛されファッションショッピングは、朝9時に行きつけの美容室で巻き髪をセットをしてから、いつものショップへ出かけるの」

「そんなこと、考えたこともないです」

「でも、考えてみて。お金持ちマダムなら、美しい服を着るのに髪がボサボサ、なんてありえないでしょう。ありえないこととしててもだめなの。自分が現実にしたいことを、できるところから近づけていくの！　スタイリング代なんて、たかが知れてるでしょ？　これは多美さんからたたき込まれたわ」

と、仁美さん。

「うちの行きつけの美容室は２０００円です」

「それでいいのよ〜。とにかく〝美しくスタイリングしたつややかな髪＋３０００円のワンピース〟でこんなにかわいくなるのか⁉　という発見が大事。それでセルフイメージがぐ〜んと上がるの。ショップでの試着でもより素敵に見えるし、改めて美容師さんのテクニックに感動するはずよ。きちんとしてない髪形だとラフな服しか合わないし、適当な理由で楽な服を買って、結局無駄遣いになるのよ」

と、私が言った。

「もう、理にかないまくってます〜」

「美しいヘアスタイルにして出かけても、美しく見えるお洋服が見つからないこともあるわよ。でもそんなときも焦らずにスッと諦めて、おしゃれなカフェバーでお茶して帰ろうとか、本屋さんでも寄ってみようかな、という気分になるのよ。それでいい本に出合えたり、お金持ちから声をかけられることもあるから。恋はその辺に転がってるよ♪」

「要するにセルフイメージが上がれば、未来は変わる、明るい希望が持てる、自分が好きになる、愛する人にも愛される、ハーモニーリッチになる♪　ってことですね〜！　うれしいです」

「スタイリングに数千円の投資をするだけで、千春ちゃんはハーモニーリッチな男性にモテるようになって、素敵なファッションの似合う女性になっていくの。無駄遣いも減るし、いいことばかり！『ちょっとしたアイディア一つで、お金持ちマダムになれるか、普通の人生で終わるか、はっきり分かれるよ』と私も億万長者マダムからよく言われてた。近所の評判のよいサロンを探しておくことも忘れずにね！」

「はい、わかりました！」

「松田様、お待たせいたしました」と男性の美容師さんがやってきた。

「さあ行ってらっしゃい、美しい千春さん」

と、私と仁美さんが千春ちゃんの肩を軽くたたいて送り出した。千春ちゃんはピンと背筋を伸ばして、男性の美容師さんにエスコートされていった。

### Today's Lesson

## ショッピング前に美容院に行くと、究極のモテ美ワンピースが見つかる！

day
# 27

# 10歳若く、10kgやせて見える、10倍素敵な服の見つけ方。

## 高価ではない、愛されリッチな、ファッションコーディネートとは？

「さあ、愛されリッチファッション・コーディネートショッピングよ！」

美容院で美しくなった私たちは、ピンと背筋を伸ばし、最高のセルフイメージでデパートを歩いた。

「そうね、欠かせないアイテムはこんな感じのワンピース。スパンデックス、ビスコースなどのジャージー素材を使ったもの」

と、私。

「このお店いいね」

・〈シネカノン〉　http://www.sinequanone.com

と、仁美さん。

「本当にイイ女風、って感じですね。仁美さんはここの服がお似合いですよ」

と、千春ちゃん。

「よいインナーウエアは着るだけで美しいラインが表現できるから、千春ちゃんも買っとこうね」と、次々とレジでお会計。

・〈ラゼ　ワコール〉　http://lasee.jp

「スカートは、美しいラインを狙うならペンシルスカート、これはだいたいどんな体型の人も似合う。スタイルに自信があるならガーリーなフレアスカートもＯＫ。ジャケットは折りたたんでもしわにならない、柔らかくてシンプルなトレーナー素材がいいんじゃない？」

と、私。仁美さんが、

「フリンジジャケットも素敵だよね。40代でも大人かわいいフリフリの服を着たいときに着られるし。最近ハーモニーリッチ婚をした40代の友達におすすめしたの！　上品だし、いいよ〜。ブランドでは〈ポール＆ジョー　シスター〉〈イエナ〉〈ランバン　オン　ブルー〉あたりかな」

「フリフリのかわいい服を着る場合、ヘアスタイルにも気を使ってね。愛されリッチな大人かわいいファッションにぴったりのヘアは、立体感のあるハイライトカラーや顔回りにたっぷり入ったレイヤー、毛先はちょっと重め、肩下20㎝ぐらいのミディアムロング。でも美容師さんにこんなファッションがしたいって伝えることは最重要だね」

「ファッションを考えずにメイクもヘアもいつも同じではだめ！　ＴＰＯに合わせたメイク、ヘアをとことん研究してね」

と、仁美さん。

「美は一日にしてならず…ですね！」と千春ちゃんが言った。

買い物途中のお茶の時間に、洋服を買うときの注意ポイントを千春ちゃんに渡した。

## デートのとき、10歳老けて見える、10kg太って見える、NG服、NG靴とは？

・全体的にダボついた服、チュニック。
・レギンス&スカート。
・タイトで明るい色のワンピース、全体的に収縮する素材（ボディコンのような）。
・ウエストがゴムでできているもの。
・ウエスト部分をヒモで締めるスカート、パンツ。
・あらゆる種類のフラットな靴。
・アンクルストラップのシューズ。
・スニーカー。

## 10kgやせて見えるおすすめ靴

・色はベージュなど肌に合った色。〈クリスチャン・ルブタン〉や〈マノロ・ブラニク〉のパンプスのようなデザイン。
・9cmほどの細いハイヒール。

Today's Lesson

**NG服、NG靴をしっかり見極めて、愛されリッチファッションを選ぼう!**

day 28

# 普段着だって、愛されリッチファッションに！

## なぜコンビニに行くときも、おしゃれに着飾る必要があるのか？

「ちょっとコンビニに行くときにも、もちろん愛されリッチファッションよね、多美さん」

と、仁美さん。

「そうなの？　でも仁美さんは結婚したんだし、もうリッチに好かれる必要はないんじゃない？」

と、不思議そうに恵美子ちゃんが聞いた。

「主人のためだけじゃなくて、やっぱりリッチな雰囲気を女性としていつもキープしておきたいから、私は一生、自分のために愛されファッションで行くわ！」

と、仁美さんが興奮気味に答える。

「コンビニに行くような普段のスタイルもすごく大切！　ある私の友達は会社では制服なの。その彼女が普段着で外出したときに、知り合いの会社社長にばったり出会ったの。そのスタイルがあまりにもかわいくて、声をかけられてお付き合いが始まって結婚したよ！」

「すごい！」

「クローゼットの中に残ってる、形が古くてあまり出番がないワンピース、デザインは気に入っているけど着すぎてちょっと生地がヨレたものなどは、自宅用、近所のお買い物用などに着回せばいいよ！」

と私が言うと、「そんなに普段からおしゃれしないといけないの？」という表情を千春ちゃんたちがした。

「え～、大変そうって顔やね。でもちょっと出かけるときでも、スカートにミュールというだけで自分の〝女〟を自覚できる。そうすると胸がキュンとしてくるでしょ。つま先まで意識するようになるから、ペディキュアの色をあれこれ工夫したりして、自分自身が楽しくなってくるし。それでまちがいなく女性ホルモンが分泌されるのよ。それは科学的にも証明されてること。もう、出会いを自分でつくっちゃってる状態なの！」

「自分を変えるって、そういうことなんですね」

恵美子ちゃんがうなずいた。

「このプログラムは実はハーモニーリッチ婚をするためだけのものではないの。**私たちを永遠に若く元気に美しくしてくれる女性ホルモンを、24時間分泌し続けていくプログラムだから、結婚したあとも一生続けていくの♪**」

と、仁美さんが言う。

「ハーモニーリッチ婚をした女性は、**美しくすることで自分自身もうれしくなるし、若く**

**元気でいられるし、愛する人が喜んでくれるし、という幸せの連鎖が止まらなくなる。**だから美しいマダムたちは普段着から素敵なの」

「そういうことなんですね。考えたこともなかったけど」

と、千春ちゃん。

「仁美さんの普段着は、Vネックのニットに膝上ぐらいのスカート、そしてキラキラミュールに素敵なトートバッグだったり。千春ちゃんが見ているだけでもうれしくなってしまうような素敵さでしょ。そこにシャネルのサングラスを合わせたり…。今すぐ真似のできそうなハイ&ローファッションの組み合わせで、ゴージャスに普段のおしゃれを楽んでる。さあ、みんなも今日から普段着も、愛されリッチファッションにしてみましょう！」

Today's Lesson

ちょっとそこまで出るのもおしゃれして。
それだけで人生に大きな差が生まれる。

## Brilliant Buys

✽ 形が優秀なショートパンツが見つかる

〈ZARA〉　http://www.zara.com

✽ 高級ブランドのようなデザインをお手軽な値段で

〈H & M〉　http://www.hm.com/jp

✽ 眉が隠れるデザイン、小顔効果大!!

「ビッグラウンド サングラス」シャネル　http://www.chanel.com

✽ キラキラの 8 cmヒールが揃う

南青山 rev k shop　http://www.revkshop.co.jp

day
29

# シャワーを浴びた2時間後に、出会う確率が高い。

## シャワーで気持ちよくなることが、女性ホルモンの分泌を促進する。

次の朝、リヨンに朝ごはんを食べに行くと、きよちゃんが言う。

「あっ、多美さん。いつ会っても本当にいい香り。それもすごくフレッシュ。もぎたてのグレープフルーツのような…」

「きよちゃん、朝と夜にシャワーを浴びてる？」

「えっ？　夜だけです」

「仁美さんも内側からフレッシュな香りがしてるでしょ。朝はトリートメントのみ、夜はきちんとシャンプーをして、綺麗に香るようにボディケア、ヘアケアをしてるよ。40代になっても本当によくモテるんだよね。といっても仁美さん、別に美人ではないって自分でも言ってるでしょ？」

「そうですね、仁美さんもいつもピカピカ！、ほこりっぽくないね。香水の香りではなくフレッシュないい香りがいつもしてる」

「朝もシャンプーがいいかというと、洗いすぎはかえって髪や地肌の油分を取りすぎる。

だから、トリートメントをさっとしてシャワーを浴びるのがいいよ」

「多美さんは忙しいのにどうやって完璧にしてるの？」

「家事をしながらお顔と髪のお手入れをしてる。流れ作業的に特に気合いも入れずに淡々と。でもそれで、フレッシュなもぎたてのいい香りに包まれる。それがいわゆるフェロモンだよ！　声をかけられたり、デートに誘われたときを思い出すと、決まって出会う２時間くらい前、自宅を出る前にシャワーを浴びていたわ」

「えっ、じゃあいい香りがリッチを呼ぶということ？」

「そうね。シャワーを浴びるというのは、とっても簡単だけどいい気分転換になるし。気分がいいというのは、幸運がやってきやすい状況を自分でつくっているわけでしょ。アロマ効果やお肌をいたわるボディシャンプーもあるし、どんどん楽しもう！」

　ここで、愛されフェロモンが出る、〝愛シャワー〟の浴び方を説明しておく。脚をなでながら、「私の脚、素敵な脚、かわいい脚」とつぶやく。それを全身くまなく。一日２回、いい香りに囲まれながらリラックスして自分自身と向き合う。

**Today's Lesson**

## 自分の体を愛おしみながら、シャワーを浴びる♪

day 30

# 運がよくなる愛ある言葉、運が落ちていく毒言葉。

## しゃべった言葉が現実を引き寄せる。

「今日はなんか面白くな〜い。雨も降ってるし〜」

と、だらけた雰囲気で千春ちゃんがやってきた。私は喝を入れるつもりでピシリと言う。

「ねえ、千春ちゃんはどうなりたいの？」

「どうなりたいって？、それはお金持ちになりたいです。ハーモニーリッチ婚するんです」

「今、面白くな〜いと言ったよね。そうすると本当に、面白くな〜い日になるよ」

「いやです。面白くなりたいです」

「そうでしょ、面白くなりたいんでしょ？　だったら、面白いなあ〜、って言ってごらん」

「面白いなあ〜」

そこで千春ちゃんの携帯が鳴った。

「はい、え〜〜〜、私が入選!?」

電話を切った千春ちゃんが大興奮！

「あの、わ、私、入選したんです！、デザインコンペで！」

「面白いなあ〜って言うと、そういう面白いことがタイミングよく起こるんだよ。今日はすぐだったね。**発した言葉通りに現実は動くから、イライラしたり面白くないときは、どうなりたいのか自分の心に聞いてから口に出すこと**」

私はそう言って、作ってきた愛されレポートを千春ちゃんにあげた。

「今日帰ったらすぐに、この紙をお部屋に貼ってみて！」

## 「運がよくなる愛ある言葉」

楽しい、うれしい、感謝します、幸せ、ありがとう、許します、大好きです。

## 「運が落ちていく毒言葉」

うれしくない、謝らない、不幸だ、許さない、それ違うよ、まちがっている、腹が立つ。

愚痴、悪口、ねたみ、文句もＮＧ。

私はこれを貼るようにしてから、会社の売り上げが急に伸びてきたり、奇跡みたいないいことが起こるようになった。手帳にも書いておくといい。本当に、この言葉たちには命がそれぞれに宿っているよう！

ここに書かれた言葉を発することで、誰かに無限の愛、豊かな気持ちを送ることもできるし、いやな気分、貧しい気持ちを送ってしまうこともできる。どうせなら、あなたも得をして、相手も愛とお金でいっぱいになったほうがいい。

私は大きな仕事をいろいろするようになってつくづく思うのが、「運が落ちる毒言葉」を誰かに言っても一つも得るものはなく、1円のお金さえ生まなかったということ。むしろかなりの額の損をしてしまった。そういう言葉を話す人にはトラブル、事故、ケンカ、犯罪などが取り巻いている。そのような言葉を話す人を見つけたら、すぐにスーッとフェイドアウトするように逃げよう。一緒にいてはあなたの運も落ちていくから。

あなたが豊かになりたい、豊かな心やさしい人と一緒にいたいのなら、まずあなたから運がよくなる言葉を話そう。あなたが毒ある言葉ばかり話しているのに、運がよくなるようないい人があなたを好きになるのは難しい。ハーモニーリッチの住人はみんな明るくていつもニコニコだよ！

**Today's Lesson**

**愛ある言葉を話せば、人もお金も運も雪崩のごとくやってくる！**

day 31

# 批評家になってはいけない。

## 会話、ブログの書き込みなども、批判的な言葉を一切なくす。

きのうの私の話にびっくりした千春ちゃん、他人の悪口やねたみが多かったと反省していた。

「愛のない毒言葉を話したり、ブログや批評サイトに書き込んだりするのも危険。知り合いが見ていないからと思って、書いたりしちゃうでしょう」

「そうですね、ちょっとブログにネガティブなこと書いてたりしても、誰も指摘してくれないですし」

「人の悪口やねたみを発信して、毒言葉の影響を受けるのは自分だけ。そんなことをしていてもすっきりするどころか、かえって自分の生活が悪いほうに強く引っぱられて、いい出会いからどんどん遠ざかっていくんだよね」

「本当にそうですね。今までいい出会いがなかったのは、そういうことかも。男の人も私を大切にしてくれなくて、運の悪そうな人ばかり。ファッションも気を使ったり、それなりに美しくしてきたつもりだったけど、それが原因だったのか…」

「運の悪い人や千春ちゃんを不幸にするような人が現れても、毒言葉の影響を受けていると、それがいい出会いだと勘違いしてしまう。悲劇を生んでしまう原因はそこ。いくら本を読んでもうまくいかないはず。しかもそれに気づかないから怖いねん」

「目からウロコがボロボロ…」

「千春ちゃん自身がしっかりと明るいほうへ明るいほうへと目を向けていくと、そういうネガティブな人が現れても見向きもしないし、惹かれもしないよ」

## 批評ではなく高く評価する！

私は続けた。

「例えばインターネットのショッピングで買い物をしたらレビューを書くでしょう。おいしかったです！　またお願いします！　ってうれしい気持ちを素直に書くのがいい。私もそこで批評家にならないように気をつけてるよ。批判がお金や運の流れをブロックするから。友人が新しくお店をオープンしたときね、とても素敵やのに『照明がちょっと明るすぎるから、もう少し暗くしてみたら？』みたいな批評家になっていたことがあったんよ。そのときの自分は、お金の流れを自分でせき止めていたよ」

「あ〜、でもそれわかります。つい批評しちゃいますよね」

「でも、もしかしたら明るくてもいいかもしれないな、照明が明るくても好きだっていう人もいるかもしれない。自分の考え方を押しつけてたかもしれない。そんなふうに考え方を変えた。それで何に対しても『それ、いいね！』と言うようにしたら、お金も運もどんどんスムーズに回り始めたんだよ！」

「私も多美さんを見習って、もっと自分の言葉を意識して、話したり書いたりするようにしてみますね」

Today's Lesson

何を聞いても最初に「あ、それいいね！」と言うようにしてみる。

day 32

# 銀行口座をリッチエリアに開く！

## リッチな場所に身を置くことでハーモニーリッチに！

「千春ちゃん、銀行口座ってどうしてる？」

と、私が聞くと、

「えっ？　子供の頃に母に作ってもらった口座をそのまま使ってますけど」

と、千春ちゃん。何が問題なのかわからない、といった反応。

「全部リッチエリアに替えようよ。今日はリッチエリアに新しく口座を開設しに行こう。大きなお金を入れる必要はないから。私もまだお金がなかった頃、自宅から車で30分ほどのリッチエリアの銀行に行って口座だけを開設したこと思い出すわ〜。最初の入金額は777円でさ。そのまま放っておいたら、数年後入金するための口座が必要になって、その口座目がけてお金が雪崩のごとく入ってきたんだよ。冗談じゃなくて本当の話」

「お金を置く場所って大切なんだぁ」

千春ちゃんがしみじみと言う。

「リッチな場所というのは、そこにいるだけで気分が豊かになるでしょう。その豊かな気分が豊かなお金を生んでくれる、というのがわかるようになったよ」

「そうですよね。このあたりもとても清潔で、建物も美しいし、歩いているだけで気分がよくなるし。ここは多美さんが紹介してくれたけど、ほかの街でリッチエリアってどうしたらわかるの？」

やる気を見せ始めた千春ちゃんがうれしくて、さらに説明する私。

「簡単、簡単。その土地の不動産屋さんに行って、治安のいいところ、土地の値段の高いところを尋ねれば、すぐに教えてくれるよ。そこがリッチエリア」

「多美さんのお友達や読者の方でハーモニーリッチ婚した人では、秋田県とか北海道に住んでいる人もいましたよね」

「そうそう、**どんな場所にでもお金持ちは住んでるよ**。千春ちゃんの知らないまだまだ広い世界があるんだよね。どこに住んでいても目も思考も大きくして、ワイドに考えてなくちゃね！」

## 結婚してからでも豪邸ハーモニーリッチ！

「今は芦屋に住んでるお金持ちマダムのまなみちゃん、知ってるでしょう？」

「はい、こないだもポルシェでヒューーってやってきて、お茶飲んで帰ります〜って。あっそう言えば彼女、昔ここでバイトしてたんだ」

「そうそう、彼女は平凡な自営業のご主人と結婚していたけど、お金持ちになりたくて、とにかく銀行や郵便局、お金の取引にまつわるすべての取引を、電車で30分もかかるけどお金持ちが多い、芦屋の支店口座に変更していったの」

「へえ〜、それは面白いね」

「事あるごとに銀行に遊びに行っては、芦屋のお金持ちマダムはこんなファッションなんだな、とか、笑い方、話し方のすべてを見て研究するのが趣味だと言ってたわね、お金持ちマダムになりきるために。毎日、芦屋に通うから、彼女のファッションはどんどん洗練されていったよ。最初は一週間に1度、カフェや書店、ショップなどに遊びに行くようにしたの。初めは足が震えていたけど、少しずつきらびやかで豊かな雰囲気にも慣れていったんだって」

「雰囲気に慣れることは大事ですね。私もそういう場では脚ががくがくするもの」

「そうこうしているうちに不動産屋さんにも行くようになり、億という単位の物件を見て歩いてたの。芦屋の高級物件を見るのが趣味になったのね。ご主人の仕事がうまくいくようになってきたのもその頃から」

「やっぱりそういう**運みたいなのもご主人にうつる**ってことですね！」

と、恵美子ちゃんが話に入ってきた。

「そろそろ、お子さんが小学生になるから引っ越しをしようということなって、2人目を妊娠した頃に、たまたまご主人が見つけてきた芦屋のマンションに引っ越すことになったのよ」

「ご主人もすごいね」

「それからよ、そのご夫婦がうなぎ上りに成功していったのは。経営している会社がどんどんよくなり、年収は3000万円も超えていったそうよ。今は億単位の豪邸に住んでる。まさにハーモニーリッチ婚の神髄！　奥さんがリッチな場所に誘導していくことで、ご主人の運気が上がったってこと！」

Today's Lesson

**今すぐに、銀行口座を**
**リッチエリアで開設しよう。**

day 33

# 「お金持ちと結婚」の夢は、自分の中だけに秘めておく。

## なぜ結婚に向かっていることを、家族や知人に話してはいけないのか。

久しぶりにベネチアンで主人と夕食をとることになった。髪はスタイリングしてキラキラ全開ハッピーファッション。彼を待っている間に千春ちゃんが注文を取りに来た。

「多美さん、今日もキラキラですね！」

そこに田丸さんがやってきた。カウンター席が空いてなかったので、千春ちゃんは2階の席に案内した。

「いらっしゃいませ。今日もオペだったんですか？」

と、千春ちゃんが目をハートマークにして言った。田丸さんは医院を経営する家の2代目で、私の主人とはゴルフ仲間。

「千春ちゃんも最近ゴルフするって聞いたけど、今度一緒に行く？」

「え〜、いいんですかあ〜。お願いしま〜す」

それをさっそく私の席に報告に来て、飛び跳ねている。

「多美さ〜ん、ついに誘われました〜！　ヘアスタイルも今日はサロンに行ってきて、もうバッチリだったんですっ！」

隣の席に座っていた川上さんも、

「え、なんかあったん？」

と会話に入ってきた。川上さんは高級マンションの販売をしている会社の会長さんで、ベネチアンでよく会う。

「私、お金持ちと結婚するんです」

と、千春ちゃんが言うと、川上さんが目を丸くしてピシッと一言。

「そんなん言うたらおしまいやで」

一気に場がしらけてシーンとした。

「そんなこと、男の前でペラペラしゃべったらあかんで、千春ちゃん」

そのとき川上さんの携帯が鳴って、機嫌が悪そうに席をはずしてしまった。

「多美さん、どうしよう〜、なんで怒るの？」

と、千春ちゃんが動揺した。

「う〜ん、大丈夫。ピシッと言う人やけど、すぐ忘れはるから。川上さんから見たら、そういうペラペラしゃべる女性がおしとやかでなく、色っぽくない。舞台裏を見せられたみたいでいやだったのかも。ハーモニーリッチ婚するということは、今日から一人の楽しみに取っておこうよ、千春ちゃん」

「はい、あんなに気分悪くされて…。そんなつもりじゃなかったんですけど」

　川上さんが戻ってきた。

「ごめん、ごめん、悪気はなかったんや。そんなん言うんはカワイイな〜、とも思うけど、田丸君ぐらいの若い子やったら、それはちょっと、いやちゃうか？　それだけの話や」

「すみませんでした」

「男の前でその夢は秘密にしとき〜な」

　私は続けて千春ちゃんをフォローした。

「まあちょっとミステリアスなほうが、大人やねってことよ。親御さんやほかの友達にも、ハーモニーリッチ婚のこと話すと、そんな夢みたいな話叶うわけない、とか余計なおせっかいを言われるよ。川上さんもそうやけど、ハーモニーリッチ婚した人はそれが普通の将来だと確信しているから、絶対になる！　という気合いすらないねん。むっちゃナチュラル。私も誰にも話すことはなかったわ。思い描くハーモニーリッチ婚を誰にも触ってほしくないと思ってたし」

「そうかあ、ペラペラしゃべってたら、恋は冷めるってことかな」

「千春ちゃんの夢なんだから、自分で大切に守ってあげて。75日後にハーモニーリッチ婚が決まっているなら、多美プログラムを一人でじっくり楽しめばええやん！」

「ほんとやわ〜、田丸さんとのゴルフデート、おしとやかにちょっとミステリアスに楽しんできます」

「そうやん、結婚が近づいていると感じるんだったら、エステの予約やら〝彼が好きなワンピースってどれかな？〟と考えていることやら、とってもハッピーでかわいいやん？千春ちゃんがお金持ちと結婚することを静かに確信しているのなら、もう余計なこと考えなくていい。いい香りに囲まれて、どんなドレスを着てみたいとか、幸せマカロン色のイメージをして、ハーモニーリッチの世界でキラキラと遊ぶねん☆♪」

「はい。そんなこと想像したら、本当に気分がどんどんよくなりました！」

「とにかく、この世界を他人に理解させる必要もないし誇示する必要もない。千春ちゃんが一人で楽しんでいればそのようになるから！」

「はい、楽しみます♪」

**Today's Lesson**

**「お金持ちと結婚」の夢を、家族や知人に話さない。**

day 34

# 一人で行動することの大切さ。

## 一人の時間は、自分を見つめ、自分を愛する最高のチャンス。

「私、一人で旅行なんてできませ〜ん」

と、半泣きになりながら恵美子ちゃんから電話があった。先日きよちゃんに、一人で行動するといいよと伝えたら、きよちゃんは予定していた恵美子ちゃんとの旅行をきっぱりと断ったらしい。

「私、一人でいられない。彼氏がいないとさみしくて誰でもいいから付き合ったり、夜になると寂しくてふらふらしてしまって、かっこいい男の子のいるバーに入って2時3時とか…。多美さんには今まで言えなかったんだけど」

「バーで出会うのは、いいお付き合いに発展しないからねぇ。相手も遊びでしょう」

「もうそろそろ、こういう癖はやめたいです」

「お買い物に行くのも食事に行くのも、いつも誰かと一緒に行動してたでしょう？　一人ではさみしいからという理由だけで友達と一緒に過ごすのは、やめようよ」

「はい…」

恵美子ちゃんはなぜ一人で行動しないといけないのか、という表情で私の顔を見ていた。

「一人で行動するのはお金持ちとの出会いだけが目的じゃなくて、本当の自分との出会いがあるのね。自分のことをもっと知ることができるの」

「本当の自分？　私、それがわからなくて、前世占いに月4万円も払ってたんです」

「前世がわかったところで、それが本当の自分かな？　大事なのは自分が本当に好きなもの、嫌いなものがわかるっていうこと。それが今一番大切なんよ。見たこともない本当か嘘かもわからない過去に大金を払うなら、今の現実にお金を使おうよ。そうすれば、恵美子ちゃんがどんな人を求めているかもはっきりわかるようになるねん。**この世の中で一番大事なのは、まず自分をよく知るってことなのよ**」

「へぇ～!!　私、自分のことなんて考えてなくて、男性のことがわからないとばかり思って悩んでいました。かっこいい男の子がいるバーとかに行ったら、相手してくれるし、夜はさみしかったら一緒にいてくれるし。でもいざ真剣に付き合いたいと思って、おしゃれとかがんばっても、振り向いてくれなくて…。でも私はお金持ちと結婚したい」

「恵美子ちゃん、それって、勉強してないのに東大に入るって言ってるようなものよ。あれも欲しいこれも欲しいって欲求ばかりで、行動と思考が全然バラバラやん。恵美子ちゃんみたいな子、ワンナイト・スタンドガールっていうんだよ。それでいい人に出会うことはない。なんにもしないで、何かしてもらおうとしてるから、うまくいかへんねん。夜の男の子と遊びながら、その人が振り向いてくれへんからって、振り向いてもらう方法を4万円かけて占ってもらう。それで昼間はハーモニーリッチ婚の方法を学ぶ。それってちぐはぐやん」

「あっ本当ですね！　自分のやってること、全然冷静に考えてなかった！」

　恵美子ちゃん、はっと我に返ったようだった…。

**「結婚というのは相手に何かしてもらうものではなく、自分が相手に対して自然体で何をしてあげられるのか、だけよ。お互いのことがよくわかっていると相手に対して、無理をしないで尽くせるから、ハーモニーリッチな関係になれるの。**これにはまず自分をよく知ることが必要。恵美子ちゃんが一人を楽しめるようになって初めて、こういう関係の土台がつくれるのよ」

　黙ってうなずく恵美子ちゃんの目から、涙が伝う…。

「一人じゃさみしいと言うばかりでは、子供のような人ばかりがあなたの周りに集まるよ。一人で行動するといっても難しいことはないよ、まずは試しに一日20分ぐらい近所を散歩してみる、何の目的もない一人の時間を大切にしてみる。なんとかなるって」

「私、夜出ることもやめられるかな？　夜、男の子から遊びにおいでよ、とか電話があってもガチャって電話切れるかな？」

「切れるよ。その男の子は電話するのが仕事やんか」

「えっ！　仕事なんですか⁉」

恵美子ちゃんが愕然として言った。

「でももう大丈夫。私は近所の神社の境内を歩きながら自分を心の奥をのぞいてみること、それを楽しむことが大好きよ。自分をクリーニングしているような感じやね。一人になれば、なんで自分はあんなことに腹が立っていたのかな？、とか、仕事のペースも少しゆっくりめにしてみようかな、とか、家族の時間をもっと大切にしたいな、とか、いろんなことが心に流れるままに湧いてきて、自分の中で答えが出たりするし。占いとかに相談に行かなくなって、自分に相談するようになるよ」

「はい…」

「その夜遊び代と占い、全部でいくら使ってるの？」

「わからないけど、月に15万円くらいかな…」

「その15万円があれば、エステに行って、服買いに行って、サロンに行って、ピッカピカにして、本をたくさん読んで、コンサートや講演会にも行けるよ。自分と向き合うことは、毎日変わっていく自分との対話やねん」

恵美子ちゃんは黙ってうなずきながら、かみしめるように聞いている。

「恵美子ちゃんが結婚してもそれを続けていくと、自分の幸せが保たれて、平和な家族が育めるよ！　楽しんでいこう、大丈夫やで！　そうそう、これ、私が一人で楽しめることのリストなんやけど、恵美子ちゃんも作ってみたら？」

「ありがとうございます」

私は小さなメモを恵美子ちゃんに渡した。

## 一人で楽しめること

1. ふらふらあてもなくケータイを持たずに歩く。
2. ひたすら眠る（寝ることは心身ともに一番リフレッシュすることです）。
3. 美容院に行く。
4. 本を読む。
5. ドライブする。

これはあくまでも例。他人が楽しいと思うことが、あなたも楽しいとは限らない。あなたが純粋に楽しいと思うことを探してみよう。

**Today's Lesson**

**一人の時間が楽しくないと、結婚しても楽しくならない。**

day 35

# 将来お金持ちになる「金の卵」は、どういう男性なのか？

## 誰にでも感謝できる人、独立心のある人、借金、無駄遣いをしない人…。

「多美さん、どうすれば、愛も豊さもあふれるほど兼ね備えていて、もちろん私だけを大切にしてくれる、そんな彼を見つけられるんですか？」

と、千春ちゃんが聞いてきた。

「それってすごい重要やね。でもまずは自分が、このプログラムで学習してるような女性になれるように、日々努力、勉強することが大切。そしたら、そんな人が自然に現れるようにできているから」

「う〜ん。でも多美さんが旦那さんを好きになったポイントってあったでしょう？　ご実家の『華すし』で見てきた、うまくいくカップルや男性の特徴とか、教えてくださいよ！」

「うん、まずハーモニーリッチになる男性は、『ありがとう』や『感謝します』など、気分のいい言葉をスッと誰にでも言えるものやね」

「さりげなく言える人って、かっこいいですよね」

「年下の人でも道ですれ違った人でも、相手を問わずに言える人」

「ふ〜ん」

「それから、1円のお金も大切にする。ギャンブルはしない人、ギャンブルはお金さんが一番嫌いなこと。タクシーの運転手さんに行き先を言うとき、ぶっきらぼうに『東京駅』とか言うのでなく、『すみませんが東京駅までお願いします』と会社のお客さんに話すような言い方で話す人。例えばうちの主人は、どれだけそのタクシー会社が素晴らしいかまで運転手さんに説明して、運転手さんを喜ばせるのが大好き」

「へぇ〜」

「**どんなことを言えば人が喜ぶのか、それがわからない男の人は社会で成功しない**」

「あ〜、鋭いですね」

「外見では、靴がピカピカかどうか。靴が汚い人でお金持ちになった人をあまり見たことがない。あとは髪や服装にほどよく気を使っていたり、歯が綺麗な人。そういう人は、セクシーかな」

「あ〜、仁美さんのご主人もそんな感じだわ〜」

「あと、誠実な人。前向きで野心がある人。社会やシステムからの自立心がある人。これがないとお金持ちになるのは難しい。この辺は付き合ってたらわかるよ。将来の夢を聞いても、今の会社で勤め上げようと思ってる人と、いつかは会社で培った技術を活かして独立したいと思ってる人は、考え方が違うだろうし。自営の場合は、実家がもともと自営業で、甘やかされず育ち、世の中の表も裏もちゃんと教わってきたような幅の大きい男の人なら、経営者として成功する確率は高い。それでも理想論ばっかりで行動しない人はダメ。あと、自営の場合は、結婚相手の学歴は大して意味を持たないと思うよ。お医者さんとか資格が必要な仕事は別だけど」

「じゃあ私も、世の中の裏も表も知らないといけないんですか？」

「それは大丈夫。世間知らずでも、彼が〝仕方ないなあ〜〟ってちゃんと守ってくれるよ。裏を知ってても知らんぷりして、なんにも知りませ〜ん、の奥さんのほうがうまくいってる夫婦が多いよ。自分から暗い話はしないことが大事」

「は〜い」

「あと、人に好かれる人。特にお年寄りや子供にやさしい、笑顔が多い人かな」

「うん、うん」

「もちろん、お金を貯める習慣があって、借金をして物を買わない人、無駄を嫌う人。あと自分の立場をよくわかっている人ね。これはかっこいいよ。会社の人や取引先にやってもらうのが当たり前みたいな偉そうな人じゃなくて、自分から動いて何かをやろうとする人」

「それは経営者としたら大事ですよね」

「彼自身はそんなにファッショナブルでもなくてもいいの。でも千春ちゃんには『綺麗にしなさい』と、おしゃれすることを大切にしてくれる人。あと、千春ちゃんとお金の話をちゃんとできる人。自営業だとビジネスにもよるけれど、会社員より圧倒的に早くお金持ちになることがある。やり方次第ですべて自分の収入になるからね」

「へぇー、すごい！」

「自分のビジネスだと、千春ちゃんが勉強したり、お客さんによくしてあげたことのすべてが日々の結果になる。効果があればすぐに一日で10万円、20万円、さらには１００万円、それ以上の利益になることもあるよ」

「旦那に任せっきりではなくて、自分も一緒に向上していこうという気持ちが大切なんやね」

**Today's Lesson**

## 学歴ではなく、その人自身を見極める目を持とう！

day 36

# 定期的に歯医者さんに通って、白くて美しい歯をキープしよう！

## ファッションもメイクも、歯がガタガタでは冴えません。

「恵美子ちゃん、最近歯医者さん行ってる？」

「2年ぐらい行ってないなあ～」

「歯は白く美しく保つように心がけよう。それだけで笑顔に自信が出て一層魅力的になるし。**3カ月に1度は歯医者さんに行こう！**」

「ですねぇ、さっそく予約します」

「歯科では歯石を取ってもらい、綺麗にクリーニングをしてもらおう。歯のホワイトニングも忘れずに。コーヒー、紅茶、赤ワインなど、歯に色素が付着しやすい食品がいっぱいあって、歯磨き粉ではなかなか落ちないよ。おすすめの歯ブラシはこれ！」

・「ソニッケアー　音波式電動歯ブラシ」http://www.sonicare.jp

## 10歳老けて見える歯

・黄色い歯・灰色の歯・歯の色がばらばらの歯。
・歯並びがガタガタ
・銀や金の詰め物が見える。

「綺麗にしてもらってきたの〜！　見て、多美さん、白くなった〜」

「歯が白く美しいだけで若く見えるでしょう。美しいパール色の歯を保つために、今まで好きだったものをちょっとだけ気をつけてみよう。白い歯を守れるからね」

濃い紅茶は薄めにするなど、歯に着色しやすい飲み物を工夫してみたり、着色しやすいものを食べたあとは、すぐに歯磨きをしよう。

また、歯ブラシは1カ月に1回は取り替えること。デンタルフロスを併用するのもおすすめ。美は一日にしてならず…。

**Today's Lesson**

**白い歯の笑顔はそれだけで財産。**

**オーラルケアを怠りなく！**

# day 37

# 自分のよい部分だけほめ続ける！

## なぜ謙遜していると、セルフイメージが上がらないのか？

久しぶりに女の子たち3人と、仁美さんのマンションのリビングでお茶をすることになった。

「今日のレッスンは、毎日自分をほめ続けていくこと！　誰でも自分自身しか、自分を活かせないの。占い師でも、お母さんでも、親友でもないし、将来のご主人になろうとしてる人でもないのです。自分でしか、自分を救えないの！」

「自分のこと、つい謙遜しちゃって、『お美しいですね』とか言われても『いいえ、そんなことございません、もう全然』とか言ってました。謙遜するのが美徳みたいに思ってて…。それで、私はどうせこの程度、みたいに自分で自分を低くしてしまってました」

と、千春ちゃんが言う。

「謙遜ばかりしていたら、本来の素晴らしい千春ちゃんは活かされないよ。素晴らしい愛にあふれた性格も、お金持ちになれる才能も、好きなことを仕事にする才能も、千春ちゃんのいいところは、千春ちゃんしか見つけて活かせる人がいないんだよ」

「自尊心が低いと成功しない？　謙遜しているとハーモニーリッチにならない？」

「そうだよ！　自分の弱点を自分の中で大きいものとして見たり、自分に文句を言うのもだめ。自分のよいところだけしっかり愛おしんであげて。あとはただ、ハーモニーリッチになる！　という千春ちゃんの熱意だけでいいんやから。心配ないよ。遅かれ早かれ、ハーモニーリッチに導かれるから。それには自分をほめて、ほめまくることが最重要なの!!

自分をほめてあげると、千春ちゃんを活かしてくれるような人との出会いが必ずあるから。そのうちに千春ちゃんは周りの人のこともほめてあげたくなるよ」

「出会う男の人に対してもほめるどころか、欠点ばかりがんばって見つけてた気がします」

「うん、それわかるわ〜」

と、恵美子ちゃんが言う。

「ハーモニーリッチな男性はセルフイメージが高い女性目がけてやってくる!!　**自分をほめて、周りの人もほめて、朗らかに人の心に明かりを灯す人を神様は放っておかないよ！**」

## 自分をほめ続けることから始めよう！

B5サイズぐらいのお気に入りのノートに、次々いいことを書いていく。

例えば「毎日健康に過ごせるから、本も読める！　生きようと思える！」とか、「私の滑らかな肌、若くてうれしい！」とか書いて楽しんでいます。
他人のことも「笑顔が素敵！」「いつも大丈夫って言ってくれて、やさしいな」とか、ほんのちょっとのことでも見つけてほめるのです！　それによって感性が磨かれ、心の感度が高まります！

Today's Lesson

自分の長所を
どんどんノートに書き出してみよう！

day 38

# 最高の気分で旅行に行くと、最良の出会いが待っている。

## なぜ出会いを求めようとして旅行に行ってはいけないのか？

「多美さんは、どんな気分のときに旦那さんに出会ったの？」

クッキーをつまみながら、恵美子ちゃんが聞いた。

「最高に気分のいいときかな。そんな気分で外出したら、最良の出会いがあったの」

「え、それだけ？　もっと詳しく教えてください」

「でもそれだけだよ。あのときはニューヨークのブロンクスに住んでて、やっと自分自身のすべてを許せたときだったし、人と自分を比べるのも愚かだと気づいて、〝自分らしく生きたらいいや！〟って開き直ってた。もうお金持ちと結婚したいという意識もどこか行ってて。その日は夕方から出ていくのに何かワクワクしてたな」

「多美さんって一日中本屋さんにいたんだよね、NYで」

「そう。髪も真っ黒だったなあ～。全然洗練されてなかった。彼にとってはかえってそれが新鮮だったみたい。高校生のときにワクワクして買ったホワホワの白いモヘアのニットを着て行ったな。林さんの奥さんが『多美ちゃんらしいわ～』って言ってくれた服」

「えっ、じゃあ、当時からさらに4年ぐらい前に買った服ってこと?」

「そうなの」

「結局、**気分のいいときに購入した服は、そうやって気分が最高になるような場面と波長が一致してるから、運命の人と出会うときにも着られる服になるんだね。**ドラマ～」

と、仁美さんがしみじみ言う。

「そうなの。ワクワク気分が乗ってくるような、胸の高鳴りを感じたよ」

「そういうのって、わかるものなんですか?」

きよちゃんが聞いた。

「胸の高鳴りを感じる方法は、テレビを消す、ネガティブなものは見ない聞かない話さない、そうやっているとだんだん感覚が研ぎ澄まされてくるよ。そうして最高の気分になったときに一人で旅に出かければ、出会いをたくさん経験するよ。もうお母さんとはバイバイよ」

「そのコツは?」

「『お金持ちはどこにいるかな?』ときょろきょろ探すのではなくて、ただ、楽しいな! 気分がいいな! 気持ちいいな! とワクワクしていると、別に期待しなくてもハーモニーリッチな彼と出会える。私のある知り合いはアルバイトをしていた42歳のとき、テレビを消し、静かに日々を過ごすようになってしばらくしたら、『海が見たい、ゆっくりしたい』という気分になって、ワクワクしながら沖縄旅行に行ったの」

「それで、それで？」

「出会いなんてまったく考えてなくて、まあそれが出会える人のコツなんだけど、予定のすべてがエステ、ゴルフ、プールで泳ぐ、海辺を散歩、とか気ままな一人スケジュール。それで着いたその日、スターバックスでお茶を一人で楽しんでたら、なんと隣に座った男性が『気持ちいいね！』と声をかけてきた！　それは東京から来ていた六本木に住む開業医の先生で、そこからお付き合いが始まって、半年後には東京に住むことになってハーモニーリッチ婚したの。彼女はお見合いばかりしていたけど、うまくいってなかった」

「どうしてうまくいかなかったんでしょうね？」

「やっぱり探すから現れないんだよ。それより、どういう人と会いたいのか？　それをリストに書いて引き出しにしまって、最高の気分になって生活したら、人生が上昇するから！　楽しもう！」

　そう彼女にも伝えたんだけど、その数日後に、

「もう一生一人でもいいから、沖縄でパ～ッとのんびりしてくるわ」

と言って行った先で結婚が決まった。それも理想の彼。

「小さいときから何百回と同じ現象を見てきて、多くに共通してるのは、〈探したら現れない。こんな結婚がしたい、こんな人に会いたい、と書いておく。楽しい気分で出かけた

ら、理想の彼とばっちり出会う〉というパターンやね」

「へえ〜、そんなものなんですね」

「出会いを目的にして出かけると、なんとか出会ってやろう、得してやろう、となる。それ、ほんまに出会えない率１００％やわ。職業や収入、持ち物などを見定めていい人を見つける、といった思惑はすぐにばれるし、長続きしないねん」

「私も別に出会いを求めに行って主人に出会ったんじゃなかったですね。あの日はたまたまベネチアンのオーナーにマツタケのお礼を持っていった日で…」

と、仁美さん。

「**自分が楽しい！　と思える場所に出かけたときに初めて、自分の人生の主人公になれるから**。それが人生のドラマティックな出会いの始まり。これからはもっと自分のワクワクする躍動感、ライブ感を大切に、楽しい気持ちを感じるために出かけようよ。**思い出に残るリアルな楽しい出来事が、人生にとって最高の希少価値のあること**やねんから。そこにこそ、みんなにふさわしい希少価値の高い人がいるねん」

Today's Lesson

出会いを探すより自分を楽しむこと、
そのモチベーションが出会いにつながる。

day 39

# アルバイトや習い事はお金持ちエリア限定で。

## なぜ給料の額を仕事選びの基準にしてはいけないのか？

「最近みんなから、おしゃれになったね〜、キラキラしてる〜、って言われるようになりました。あと、周りの人が私にやさしいんです。それでなんか、ほかのバイトとか習い事とか、新しいことを始めたいなっていう気分なんです〜」

と、きよちゃんが言う。

「それはよかったね〜。楽しい！　ワクワクする！　ということを始めようよ！」

と、私。

「それで相談なんですけど、具体的にどうするのがいいんでしょう？　何か人生がハーモニーリッチにつながりそうな選び方ってありますか？」

「あぁ、だったらこれ読んで」

と、ノートに挟んであったメモを取り出してきよちゃんに渡した。

☆人生が開けていく、仕事＆アルバイトの見つけ方☆

・1週間ごと、1カ月ごとに、習い事やいろんな職種を体験してみる。
・時給の額を仕事選びの基準にしない。
・お金持ちエリア限定で働く&習い事をする。
・仕事場での出会いを目的にしない。
・自分が楽しめる、ワクワクできることを優先する。
・ただし、選ぶ段階で好きか嫌いかを判断するのは難しい。やってみてから決めていい。

「時給を気にしないって、結構勇気がいります。バイト選びで、やりたいけど給料が低いってときは、応募しなかったです。やりたいことだけど給料高い仕事ってなかったな」

と、恵美子ちゃん。

「これからは発想を変えて。**〈やりたいことで給料も高い仕事がある〉と、思い込みの書き換えをしよう**」

「なるほど〜。現実は思った通りに動くんですよね」

と、千春ちゃん。

「ハーモニーリッチな出会いはリッチエリアにゴロゴロしてるよ。リッチエリアにあるコンビニ、スーパー、ガソリンスタンド、銀行、百貨店のケーキ売り場とか。そうそう、高級ホテルでバイトしていた玉恵ちゃんは知ってる？」

「あ~、ベネチアンにときどき来てた玉恵ちゃん、外国人のお金持ちと結婚したんだよね」

と、千春ちゃん。

「彼女、北欧の医療機器メーカーの社長さんに見初められて、結婚したんだよ。彼女は32歳で2回目の結婚。お相手も2回目でした。北欧からの、朝から晩までのEメール&電話アタックで。『この英語わからんし、読んで~』ってうちによう来てたわ」

「英語がわからんのに~。言葉の壁はないね」

「最初彼女はうさんくさい外国人だと思っていたみたい。けれどだんだん誠実さがわかってきて、『結婚してください！　あなたのような素敵な人は見たことがない』とか言われて。彼、２カ月に１度は日本に遊びに来てたわ。それでこれも運命かな、と決断したみたい。愛は地球を救うねん！」

「へえ~、すごいね」

「そのあともすごいねん。玉恵ちゃん、彼がお金持ちだと知らずにご両親と飛行機乗って北欧へ。現地の空港に降り立つと、彼が所有するリムジンが止まってた。家はお城のようで、お父さんはひっくりかえって驚いたみたい」

「おとぎ話やな~、それ」

「そうやん、そんなことがあるから面白い。玉恵ちゃんは身長１５８㎝、体重60㎏のポチャ美やん。まあ、ポチャ美が好きな人もいるからね。世の中にはいろんな趣味嗜好の男性がいるんだよ。**自分の欠点は実は魅力！　勘違いが人生救うねん！**」

一同大爆笑。

「習い事の例もあるよ。当時銀行員をしていた知人は、お金持ちエリアにある、木曜夜7時からのテニス教室に通うことにした。昔からあるテニスクラブ。そこで出会ったのが某有名コンピューター企業の御曹司」

「ほんとですか、それ？」

「うん、8カ月ほどでスピード結婚したよ。彼女は35歳で、彼は42歳」

「そうなるコツって何？」

「堂々と自分が魅力的だって勘違いすること！」

またまた一同爆笑だった。

### Today's Lesson

## お金持ちエリア限定で、仕事や習い事を探してみる。

day 40

# 考える前に動くことが、人生の幅を広げる。

## 感覚重視の旅にガイドブックはいらない。

「なんか私、自由になれなくて。多美さんが言うように、思い立ってパッと旅に出よう！　とかできないんです。子供の頃からきっちり予定を立てて、計画通りに生活しなさいって、親や先生から言われ続けて、いまだにそこから抜け出せなくて。結局それでしんどくなって休職してるんですけどね」

と、恵美子ちゃんが悩みを打ち明けてくれた。

「頭でこっちがいいとかあっちはどうか、とかジャッジしないで、動物的に本能のまま動こう！　と私は言ってるけど、確かにそれは怖いことだよね。でも失敗を恐れず、思い切って一歩踏み出してみようよ。やってみれば意外と簡単だし、そこにこそ、恵美子ちゃんに必要な学びや気づきがある」

「まさにそうなんです！　ふらっと思う通りに進めないのは、先が見えない怖い感じがぬぐえないからなんですよね。でもふと思うままに行動した先に学びがあるって言われれば、ちょっと怖さが和らぎました」

「**頭で考えるより、なんとなくそっちのほうがいいな、という感覚を優先する**ほうが、思いがけない人との出会い、面白い本との出会い、さまざまないい出会いがあるねん」

「私はずっと頭で考えて、計画立てて動いてました。道理でうまくいかないはずやわ」

「うまくいっている人のほとんどが、どんなに重要な決断でも、きっとこっちがなんとなくいい、という感覚で、最終的な決断をしてるよ。私の場合は、旅行中でも本当に行き当たりばったり、足の向くままにお店に入ったり、車を走らせたりする」

「え〜、怖すぎる…」

「でも、そうすることで、思いがけない素敵な出会いが何度もあったよ。旅行が終わったあとに地図を見ても、よくそんな場所に行ったなぁ、と思えるような場所でね。地図もガイドブックも持たない旅やけど、現地の人との触れ合いを楽しんで、そこから人やお店を紹介してもらって、友人になったりしたこともあるよ」

「そんなこと、一回もないです…」

## ふら〜っとしていれば、出会いあり♪

「ガイドブックを読んでその通りに動いてたら、人とつながるのは難しいよ」

「ある意味、勇気を持つことですね」

「新しいつながり、人と触れ合うことを練習してみようよ。まずは知らない人に道を尋ねるとか。これも練習やって。運動したら筋肉が強くなるのと一緒」

「そうか、練習ですね」

「今はなんでもインターネットで調べればわかるけど、そこにはリアルな温もりや人間らしい触れ合いはないやろ？　ということは、出会いも希薄なものになりがち」

「そうですよね。ネット上のつながりって、なんか希薄な感じがしますね」

「自分の足を頼りにふら〜っと楽しく、自由奔放に旅や散歩を心から楽しんでいるのは、ハーモニーリッチな男性からすれば非常に魅力的なものよ。そこから末広がりに、一生涯、ハーモニーリッチな出会いをたくさん経験することになるよ！」

「ガチガチの頭を解放します！」

と、恵美子ちゃんが高らかに宣言した。

**Today's Lesson**

**Get wild!**
**ハートだけで動く熱い女性を目指そう！**

day 41

# 愛のある温かい言葉で話す。

## 自分から望むばかりでは、何も手に入らない。

「人から愛される、選ばれる女性になるって難しいですよね」

と、きよちゃん。

「そうね。まずは誰に対しても、愛のある温かい言葉を話すことを心がけて。この〝誰に対しても〟というのがミソなんよ。愛のある言葉を話していると、それだけで、いい人を紹介される可能性があるねんで。例えば、好美ちゃんって知ってる？」

「いつもお母さん思いで、ケーキのおみやげを買いに来る、あの好美さん？」

「そう、彼女はいつもやさしい言葉を人にかけることを怠らないでしょう」

「いつもさりげなく声をかけてくれて。ピンクの天使さんみたいな人ですね」

「お母様の介護のため、気がついたら40歳を超えていたの。でもお母様が元気に回復されたとき、そこの担当医の先生が、部下のお医者さんを紹介してくださって！」

「え～、神様はいるんですね！」

「担当医の先生は『あなたほどの心のやさしい女性は将来有望な部下にぴったりだ！』と

太鼓判を押してくれて。彼女は、お母様の入院中、看護師さんに差し入れや感謝の気持ちを伝えたり、担当医の先生に感謝の手紙を送ったりしてたのよね」

## ☆ハーモニーリッチに望まれる人☆

「なんか私、今まで多美さんに『お金持ちと結婚したい！　なんとかして！』みたいな態度をとり続けて、すごく失礼でした。なんでもズカズカ聞いてすみません。そういう気づかいのなさでは、どんな人と結婚したとしてもうまくいかなかったと思います。ましてやお金持ちにガツガツして…。なんかもう恥ずかしいです。いいご縁がないはずです」

　何か大きな気づきを得たように千春ちゃんが言う。

「大丈夫。神様は人を大切にする女性に、心から愛と富のあふれる結婚を授けたい！　と願ってる。今日から周りの人に、愛ある言葉や愛ある感謝の態度を表してみようよ。必ず愛される人になるよ。その延長線上に愛する彼が現れて、幸せになれるから！」

**Today's Lesson**

**他人を気づかえる女性は、必ずやハーモニーリッチ婚へと導かれる。**

day
42

# １０００円でできる、素敵な投資。

## ハッピーになるのに大金はいらない。
## 金額よりも、気持ちよく買うことが大切。

きよちゃんたちとプラプラ歩いていると、コスメショップがあった。

「コスメはいらないわ〜、お金もったいない」

と、きよちゃんが言うと、

「私は今すごく気分がいいから、リップでも買うわ♪」

と、千春ちゃん。

「そうね、これからは気分のよくなるものを直感的に選んで買おうよ！　気分ワクワクのときに出会うものは、お金持ちを連れてきてくれる磁石の役目を果たしてるから！　気持ちが上向く本、ポップで明るい気分になれる音楽、かわいいピンクのリップスティックなどなど、１０００円の出費で気持ちよくなれるんだから、気に入ったら即購入！」

私がそう言うと、千春ちゃんは楽しそうにリップの試し塗りを始めた。

「千春ちゃん、このプログラムを進めてから、お化粧をしたくなったり、お肌がピチピチになってきたり、心が及ぼす体の変化に気づかない？」

「そうなんですよ〜、最近、お肌がぷりぷりって感じです」

「前の本に書いたけど、ともちゃんていう女の子は、『なぜわざわざ毎年ピンクの口紅を買わないといけないの？』とか『本なんてたくさん買うのはもったいない！』とか言っていた。それが恋も出会いも遠ざけてたのよ。でも気分が高まっているときに買ったピンクのリップスティックが、それまでのものとは違うワクワク感を自分に与えてくれるって気づいてから、素敵な出会いがやってきたの」

「きよちゃんもね！」

と、恵美子ちゃん。不意を突かれたきよちゃんはあわてて言った。

「あ、いけない、いけない。かわいいリップ買います！」

「ワクワクピンク気分のきよちゃんは、最高に素直でかわいいはず。１０００円できよちゃんの気分が盛り上がって、彼と出会うための幸運の小物が手に入るなら、素晴らしい投資でしょ‼　そんなルンルンご機嫌で自分を楽しんでると、彼がやってくるのよ！」

Today's Lesson

## ルンルン＆ワクワク気分で幸運な買い物をしよう！

day 43

# 人と比べていると、幸せがどんどん逃げていく。

## お金持ちになれたとしても、比較ばかりする人は幸せになれない。

「多美さん～、聞いてください。ついに明日、田丸さんとゴルフデートに行ってきます♪」

千春ちゃんからの電話だった。

「よかったね～、楽しんできてね」

と、私。しばらくして、今度は恵美子ちゃんから電話。

「千春ちゃん、デートに誘われたみたいです。でも私はまだ全然…」

「ストップ、ストップ！　これから一生、人と自分を比べることをやめると今すぐ約束して。恵美子ちゃんは恵美子ちゃんでいいの。すべての不幸は、人と自分を比べるところから始まるよ。比べる対象にはキリがないねん。わかる？」

「はい…」と暗い声。

「恵美子ちゃんよりも若くて美しい子もいれば、恵美子ちゃんよりもっとお金持ちと結婚する人もいる。お金持ちでも不幸な人っているけど、そういう人は、ずっと誰かと自分を比べ続けてるんだよね。比較は人を貧しい気分にさせる。気持ちが貧しくなると病気にかかるで。人と比べてもしょうがない」

「そうですね、比べても気分が暗くなるだけ」

「そうやん。人のことより自分自身に注目して集中するねん。今日の自分が一番かわいくて美しい。そう思ってればいい。**人と比べた途端に、愛も富も逃げ出すねん**」

「はい、言われてみればその通りだと思います」

「成功実例から見ると、友人を心から祝福する女性には、もっと祝福したくなる幸せが舞い込むねん。千春ちゃんがハーモニーリッチ婚をしたら、心から喜んであげようよ！」

「そうですね！　祝福するっていいですね！」

「千春ちゃんだけでなくて、うまくいっている人がいたらどんどんお祝いをしようよ！そのあとは、１００％確実に恵美子ちゃんもうまくいくから！」

「はい！」

「最初に誰かがうまくいったら『ハーモニーリッチ婚の法則って本当だったんだ！』って検証できるし、それでまた、楽しんでやってみようという気になるよ」

Today's Lesson

**友達に先を越されても、積極的に祝福しよう！**

day
44

# 仕事は、惜しまれて辞める！

## なぜ不満タラタラで辞めるのはよくないのか？

きよちゃんが最近、笑顔全開で接客するようになったと、友人でリヨンのお客さんの佐々木さんが言っていた。

「佐々木さん、『きよちゃんが最近綺麗になった』って言うてたで〜。モテてるんじゃないの？」

「え〜、本当ですか？　多美さんの言う通り、〝働くときはてきぱきと笑顔で！〟を実行しています」

「そうそう、きよちゃんらしく元気に働くほうが魅力的よ。毎日、このプログラムを意識して実行してたら、心も体も自然とイキイキとしてくる。そんなきよちゃんに周りのみんなも『ちょっと最近素敵になったな…』と思い始めているよ。いい感じ！」

「でも私、そろそろお仕事を辞めたいんです…」

「そうか〜。じゃあこれからあと3カ月、〝惜しまれて辞める〟ことを目標にして、がんばってみたら。それがハーモニーリッチな成功のカギだから」

「えっ、3カ月ですか?」

「例えばぶすっとした態度や不満タラタラで辞めたとしようよ。きよちゃんが結婚することになって、このお店と関わりのある方がたまたま婚約者の取引先、ということもなくはない。世間は狭いよ。もし、きよちゃんを覚えている人が『とても笑顔が素敵な方でした』と婚約者に伝えたとしたら、それはとてもうれしいでしょ?」

「誰と誰がつながってるか、わからないものですよね」

「そうやねん。よくあるのが、相手のご両親の知り合いが上司とかお客さんだった、というパターンよ。ドキッとするやんね。もしかしたら、きよちゃんにご縁を運んでくる人も会社の人や取引先の人かもしれへんで。だから、**今あるご縁を大切に、自分から不満げに立ち去るのではなく、相手に惜しまれて辞める**、ということを忘れんといて」

「はい、わかりました」

「仁美さんの親戚の明美さんは39歳のOLだった。会社を辞める前の最後の3カ月、にこにこ笑顔で楽しそうに働いて、その後は留学準備をすることにしてた。退職する日は、上司や同僚みんなのデスクにお花を生けて出て行った」

「ふんふん、それで?」

「それで退職してんけど、その2週間後に会社の上司の方から電話があって、『取引先の社長さんからあなたの電話番号を知りたいと連絡があった』と。よく聞いてみると『秘書としてうちへ来てほしい』と取引先の社長さんに誘われたんだって。お給料は以前の2倍で。彼女は二つ返事でOKを出し、留学は夏休みに延期した。実はその社長さんは彼女に一目ぼれしていて、夏休みには留学しようとしていたフランスへ2人で出かけた！　結局40歳でハーモニーリッチ婚。笑顔はどの人もとりこにする素敵なプレゼントやね！」

「すごい！　私も最後の3カ月、笑顔で接客しますね♪」

**Today's Lesson**

**仕事はニコニコとこなす。特に最後の3カ月が一番大切！**

day
45

# 笑顔でいるから、いいことが訪れる。

## 何気ない瞬間も笑顔を絶やさない。

「できるだけ笑顔でいるようにしてますけど、今の感じで大丈夫ですかね？」

と、きよちゃんが聞いてきた。

「きよちゃん、『大丈夫ですかね？』と言った今、笑顔だった？　そこで笑顔になるの！
これからは楽しいことがあってもなくても笑顔で！」

「最後の『？』も笑顔ですね？」

と、今度は笑顔で聞いてきた。

「そう、その感じ。笑顔は無償の愛の行為。さらに無防備になりがちな瞬間も笑顔で！
例えばエレベーターの中、信号待ちの間、ショップでお会計しているとき、パウダールームに行くとき、そういうときに笑顔の人ってあまりいないでしょう」

「あ、無防備なときって、ちょっとムスッとしてますね。メイクによっては怖〜い顔になってたり…」

「ハーモニーリッチな彼から声をかけられたという女性にリサーチすると、こういう何気ない瞬間に声をかけられる可能性が高いみたい。だからどんなときも無防備でいてはいけないの」

「ず～っとにやけてるみたいな？　いや違うな」

「何気ない瞬間の笑顔にも、ちょっとした仕掛けがあるねん。口を閉じて口角を少し上げて、目が笑っているように見えるのが自然な笑顔。例えばエレベーターの中で乗り合わせた人にボタンを押してもらったら、さらに笑顔満開で歯も見せて、『ありがとうございます！』と言うの。最初は難しいかもしれないけど、練習練習！」

「はい、実践トレーニングですね」

「自然にできるまで毎日エレベーターで練習してた友達がいたけど、旅行先のエレベーターの中で男性に声をかけられ、そこからお付き合いがスタートして、なんと結婚。笑顔だと、その人の豊かな余裕が見える。そして女性が一番かわいく見える！　きよちゃんもこれから高級なところへ行く機会が増えると思うけど、いい笑顔だとよりよいおもてなしを受けられる。レディとして身も引き締まるし、**笑顔の価値って本当に絶大よ**。それが幸せにつながるということを肌身で実感してほしいの」

「はい、高級なレストランにも行くようにして勉強してみます」

「**いいことがあったから笑顔、ではないの。笑顔だから、いいことが訪れる**。それを忘れないでね！」

「はい、忘れません！」

と、満面の笑顔できよちゃんは答えた。

Today's Lesson

笑顔は練習して身につける必修スキル！

day
46

# 史上最強の美女優写真を撮影する。

## 美しい自分を写真に残すことで、もっともっと素敵になる！

「きよちゃん、どんどんいい笑顔になってきたから、今日は最高の〝女優写真〟を撮りに行こう！」

「えっ、写真ですか？　恥ずかしいですよ〜」

「プロが撮った写真はきよちゃんの一生の宝物になるから！　私もＮＹ時代、プロに写真を撮ってもらったなあ。いろんなポーズでプロに撮影してもらったその写真は、今でも大事な宝物の一つ！　落ち込みそうなときに、綺麗に写してもらった自分の写真を見ると、私ってかわいい！　素敵！　女優みたい！　って、とても幸せな気分になるのよ！」

　スタジオに到着。プロにじっくりとヘア＆メイクをしてもらい、かわいくキラキラに撮ってもらったきよちゃん。

「別人みたい！、かわいいよ〜」

「あ、ありがとうございます。こんなかわいく写真撮ってもらったのは初めてです。今度お見合いするときに使います」

「その写真をキラキラの写真立てに飾るといいよ！　お見合いで急に必要になったときにも役に立つよね！　どんどん魅力的になっていくきよちゃんに、『ぜひご紹介したい人がいるの！』とか言われる日も近いって」

「私は自分のことが大好きになりました」

「えっ、本当⁉　きよちゃんの口からそんな素敵な言葉が出るようになったんだね。今日からは元気がない日だって、キラキラ写真立てに飾られたかわいい自分を見るたびに元気が湧いてくるよ。美しい自分を見て、また美容に励んだり、もっと鏡を見るようになったり、いい循環が始まるよ。笑顔も続けてるともっと自然にできるようになるから。そんなきよちゃんを見て、ハーモニーリッチな彼も一目ぼれやわ」

「初めて、自分を大事にしようっていう気持ちになりました」

「そうね。ハーモニーリッチな女性というのは、自分の美しさを写真に残して自信をつけていく。自分で運勢を盛り上げることが上手なのよ！」

**Today's Lesson**

## スタジオでプロに写真を撮ってもらおう！

day
47

# キラキラハッピーなコンソールで、リッチな彼を招き入れる。

## 自分を常に楽しい気分で満たすための必携アイテム。

久しぶりにきよちゃんのお部屋に招かれた。

「きよちゃん、お部屋にキラキラハッピーなコンソール（飾り台）を置こう！　コンソールにレースや花柄のシートを敷いて、そこに夢をいっぱい詰めたたくさんのキラキラグッズ、そして見ているだけで美しく晴れやかな気持ちになれるこの間撮影した自分の写真、さらにはバラのお花なども飾ってみよう。部屋にそういうコーナーがあることで、きよちゃんは常にうれしい気持ちで満たされるから」

「あの写真、こうやって飾るんですね」

### ☆美しいコンソールにセッティングするもの☆

・キラキラな写真立てに、あなたのかわいく写っている写真（できればプロに撮ってもらったものがよい）。

・あなたの好きな風景、出会ってみたい男性の服、住んでみたい家、などの写真をボードに貼りつけて棚に飾る。
・スワロフスキーの小物を置く。
・かわいい人形や気持ちがやさしくなるものを置く。
・鏡をコンソールの上に掛ける。
・ピンクのバラやあなたの好きな季節のお花を生けておく。

「お部屋にお花を飾ると心も豊かになるでしょう？　キラキラな置き物もとっても気分が安らいでうれしい気持ちになるし。**鏡にキラキラの置き物やお花が映ると、さらにゴージャスで豊かな気分になるよ**。部屋に訪れてほしい彼の服の写真などを貼ると、より鮮明なイメージが生まれて、彼がやってきやすくなるからね！　いつ彼が来てもいいように、今から美しく上品なお部屋に整えておこうよ！」
「ほっぺたが熱くなってきました♪」

Today's Lesson

## 最強のインテリアアイテム、コンソールを部屋に置こう！

day 48

# パーティーでも、お金持ちに好かれるルールがある。

## 余裕のなさが、最大のモテない要因。

恵美子ちゃんは最近、お金持ちの集まるパーティーにはまっているようだ。

「でも、参加しても候補っぽい人がまったく現れないんです〜」

「お金持ちのいる場所でご縁のできないのは、ガツガツしてる部分が透けて見えているからだと思うよ。そういう余裕のなさは、とてもプアーに映ってしまう」

「う〜ん、私まだ〝探そう〟という意識で行ってたかも」

私はまたノートから1枚の紙を取り出し、恵美子ちゃんに渡した。

☆ハーモニーリッチなご縁ができる女性

・常に笑顔を絶やさない。
・名刺を持っていかない。
・たとえお金持ちがたくさんいるパーティーでも、自分に合わない、楽しくないと感じたらさっさと帰る。無理に出会いをつくろうと名刺を配ったり、話しかけたりしない。

・誰がお金持ちかなどと見定めようとしない。
・料理や飲み物を楽しみ、主催者に感謝を伝える。後日お礼状を送る。
・『結婚したいから誰か紹介して』などと言わない。
・ゆったりどっしりと構えて、その場を楽しむ。
・携帯の電源をオフにしておく。メールを打つなどしない。
・話す相手がいない場合も、部屋の内装や絵など、楽しめるものを見つける。
・お酒はお付き合い程度。

「私、携帯とか見まくってましたよ。お酒も結構飲んでたし。パーティーの最後のほうは男と化してました。パーティーに参加する気構えからして間違ってました。あ〜、もうダメですね」

「実践して経験して自分の身になるわけだし、気にしない、気にしない」

**Today's Lesson**

**パーティーでやっていいこと、よくないことを、頭に入れてから参加する。**

day 49

# ハーモニーリッチな朝の始め方。

## セルフイメージを高め、120%のすごい未来をつくる朝の過ごし方。

私と仁美さん、女の子たち3人と高級リゾートに泊まりに行くことになった。彼女たちにリッチな一日の思考方法を学んでもらおうと、私が企画したのだった。

「ねえ、泊まり込みでハーモニーリッチな世界を経験できるなんて、私たちすごいラッキーじゃない？　多美さんや仁美さんと一緒にいると一気にリッチな気分♪」

と、千春ちゃんの声も弾んでいる。

「そのリゾートはね、森の中にあるの。朝の散歩や、ヨガ、瞑想などなど、リフレッシュするのに最適な場所なの」

と、私。

「多美さんの一日の過ごし方は、本当に毎日をじっくり〝味わう〟って感じ。一緒にいるだけで豊かな温かい気持ちになるの。『ハーモニーリッチ婚って、こういうふうに過ごしてたらできるんだなあ』と体で習得できるわ」

「多美さんといると、いろんな場面で〝こういうふうに考えたらいいのか〟とか、気分の悪いことが起こっても、〝こういう感じ方をすれば豊かさや愛が戻ってくるんだ〟って勉強になることが多いです」

と、千春ちゃん。

「人と感じ方が違うから、違う人生になるんだって私もわかったわ」

と、仁美さんが続けた。


森に立つしっとりとしたクラシックなリゾートホテルに着いた。サービスは高級ホテルレベル。リビングは吹き抜けで〈デザイナーズギルド〉製花柄のベージュ色の壁紙。豪華なモールディングが施されていて、そこにいるだけでも心から充分満たされた気分♪　到着した夜はちょっと興奮して、パーティー気分で夜が更けていった。

寝室はお姫様の眠るような白い天蓋ベッドのお部屋や、『ベルサイユのばら』のようなロココ調のベッドなど、部屋によってインテリアデザインが違う。

翌朝、千春ちゃんは白いインテリアの部屋で目が覚めた。

「大きなキングサイズの天蓋ベッド、目が覚めたらもうお姫様のようですね、多美さん♪」

「おはよう！　キラキラハッピーでハーモニーリッチな朝が始まるよ」

「ピンク色のナイトウエアの肌触りと上質なベッドリネンに埋もれて幸せをかみしめてます♪　ベッドは上質なマットレス。眠りの質がいいとこんなに気分がいいのかなと思いますね」

恵美子ちゃんも朝から頬が少女のようにポワンとしてピンク色になっている。ここだけの澄んだ空気と静かな鳥の鳴き声で、豊かな金色の時間がまったりと過ぎていく。今までバタバタ朝を過ごしていた彼女たちはさっそく、ゆったりと豊かに朝を過ごすことを学んだようだ。

「今まで過ごしてきたのとはまったく違う朝です。ただ場所やインテリアが変わっただけで私の現実は何も変わっていないのに。でも確実にバタバタ過ごす朝よりやさしい気分になりました。今日の行動にもつながりそうな、そんな気持ちになれました」

と、千春ちゃん。

「そうね、今まで無理やり目標を立てて〝がんばろう！〟と気合い入れて、忙しい一日が始まっていた。たまにはこうして**豊かな気持ちで朝を始めると、何もしてないのに、やさしい気持ちになったりするんだよね。例えば、困っている人にやさしく接したり、豊かさを分けてあげようと思ったり、自分の中でも豊かな発想につながったり。それが繰り返されていくと、お金持ちにつながっていく。それだけのことなんだよ。だからそんなにがんばらなくてもいいってこと**」

と、私はうれしくなってうなずいた。

女の子たちはお部屋に飾られたピンクのバラを見ながら、うっとりしていた。

「シャワーの浴び方を教えてあげるね！」

「えっ、シャワーに特別な浴び方なんてあるの？」

## ☆喜びのフレッシュシャワーの浴び方☆

「まず、シャワールームに入ったら、ふかふかのマットで気持ちよさを感じてシャワーを浴びるのね。香りはゴージャスなホテル仕様のフレグランスボディシャンプー。その香りがリッチな気分にさせてくれるよ。大切に自分自身を愛しながら、綺麗な脚、綺麗な腕、健康でよかったわあ～、と感謝！　ゴージャスホテルで購入したふかふかのタオルでボディを拭き、お気に入りのバスローブに着替えるの」

「聞いているだけで豊かな気分になりますね。じゃあ喜びのシャワーに行ってきま～す！」

と、千春ちゃんからシャワーに向かった。

「多美さんは朝、一人の豊かな時間を過ごすんですよね。瞑想みたいな…？」

恵美子ちゃんが聞いてきた。

「うん、シャワーが終わったら、お気に入りのピンク色のソファで、ゆったりとコーヒーを飲みながら、今日の一日をイメージするの。『どんな一日になるのかな、どんなおいしいケーキをティータイムにいただこうかな？　お天気だから、森に行って木陰で本を読もうかな』って。本当はすっごく忙しくても、心の中だけは平和でまったりするように」

「忙しくて実際には無理でも、心は平和で豊かに、ですね！」

「そう、お仕事のイメージでもいいのよ。『素敵なフレッシュな香りでキラキラと輝いているオフィスで、ヘアメイクも美しく女優さんのよう』とか。『今日はどんな人に会う約束があるかな』『お仕事もスイスイ笑顔でしよう！』『素敵な人がひそかに注目してくれるかな』とか。楽しいでしょ？」

「楽しそう。多美さん、本当にすごく忙しいでしょう？　執筆、家事、会社の仕事、子育て。なのにいつも綺麗にキラキラ笑いながらゆったり〜だもんね。そういうイメージを朝つくることで、忙しいけど豊かに仕事も家庭も楽しめる、内容大充実のハーモニーリッチな日々になるんですね。それからお洋服の選び方はどうしてるんですか？」

「うん、朝は大好きなクローゼットからキラキラで美しいワンピースを選んで着るようにするのね。別にどこに行くわけでもないときも。それでうれしくなって、家族にもやさしくできるし、みんな喜んでくれるし、そのあと、綺麗なワンピースで朝食をとるの。執筆もきちんとメイクしてキラキラドレスでするの」

「自宅にいるときでもキラキラなんですね〜！　自分で楽しくするっていうのが一番いいですね」

　うれしそうな私の顔をじーっと見ながら仁美さんが、

「多美さんって本当に満足そうね、ハーモニーリッチな現実を加速させる、今すぐできる方法ってある？　よかったら教えて」

「そうね、今朝はこんなことをずっと考えてたわ。まず、ピンクの上質なナイトウエアに、上質なベッドリネン、ベッドサイドに飾られたピンクのバラ。気に入っているワンピース、ゆったりと上質な食器でいただく朝食、笑顔、フレッシュな香りを身にまとうこと、〝いいことがたくさんある！〟と気分を盛り上げていくこと、かな。朝だけでもう十分、今日一日が素敵になってしまうのね。それはただ感じて味わえばいいだけ。自宅でもだいたいそんな感じかなあ」

**「もう、〝今に満足する〟っていうことに尽きるんですね。それで豊かな人生がやってくるんだあ～。すごい発見をしました」**

　と、シャワーから戻ってきた千春ちゃんが感動していた。

Today's Lesson

ゴージャスな空想を広げれば、現実世界も豊かになる！

day 50

# お昼もルンルン、ハーモニーリッチのパワーで乗り越える。

## 仕事だって、イメージの力で最高に楽しくできる！

優雅でゆったりとした朝が終わり、みんながそれぞれに森の散歩から帰ってきた頃、仁美さんが窓をすべて全開にした。新鮮な空気が部屋いっぱいに入ってきて、本当に清々しい。

「会社に戻ったら、どうやってハーモニーリッチ風に生きたらいいんですか？」

と、恵美子ちゃん。

「『素敵なオフィスで素敵な人たちと仕事しよう！』とイメージすることかな。笑顔で『おはようございます☆』と相手の目を見て言う練習！」

「目を見てですか？　練習が必要ですね～」

「どうでもいいおじさん上司だから、という理由で相手のお顔も見ずに『おはようございます』と言うのは失礼だから！　相手の目を見てしっかり、笑顔で挨拶。これを練習しておくと、いざこれから彼と会いますよっていうときに、自然な笑顔ができるようになるからね」

「わかりました。じゃあ、仕事に追いまくられて、ハーモニーリッチな一日で過ごしたいけどできない状況のときは、どうしたらいいんですか？」

「まあ、そこはできるだけ、**〈笑顔で仕事を楽しくやるゲーム〉だと思って工夫をしてみよう！**　できないって言うとそこで終わるから、どうすればできるのか考える！　工夫、工夫！」

「でもそんな状態で笑顔をつくるのは難しいです」

「いい案があるのよ。鏡をデスクの上に置いてみるの。自分の顔が映るから、笑顔にならざるを得ない！　バラのお花一本、デスクの上に飾ってみてもいい。心に美しいものを見るスペースを与えてあげたら？　そのほんの一瞬で、恵美子ちゃんの心はパッと明るくなるから」

「今まではそんな余裕がなかった気がします」

「それだけで、周りのみんなにも上司の方にも、『おっ、違うな』と、イキイキと仕事をしているところをほめてもらえるよ☆　大丈夫！　**会社に戻っても心の中にハーモニーリッチなオアシスを持つようにしたらいいよ**」

「わかりました、オアシスですね！」

「夕方まで元気で満たされ、体も心もほっこりと温和な感じで過ごせるよ。『私はハーモニーリッチな美しい女性なのだわ♪』と思えば、しぐさも女性らしくなってくるからさ！」

「はい、多美さんの会社に行くと、とっても気持ちよく感じます…。やっぱり感じ方の工夫なんですね」

「そうそう。電車に乗っても道を歩いていても、恵美子ちゃんは幸せな雰囲気を身にまとった女性に見えるに違いないよ！　好きなものに触れる時間を1分でもいいから、オフィスでも化粧室でも、つくってみたらいい☆　その**たった1分が、朗らかな空気をあふれさせ、お肌もみずみずしくなって、フレッシュな感性を保つようになるよ。**いつも、愛され恵美子ちゃんだからね♪」

「はい。多美さんにそう言ってもらえると、心が満たされて早く仕事に戻りたくなってきました。笑顔でみんなと仕事をしようという気になってきました。感じ方のシミュレーションって、面白いですね。多美さんはずっとシミュレーションしているの？」

「3歳のときから感じ方のシミュレーションが趣味。シミュレーションって面白いし、それが現実になるからもっと面白いの」

### Today's Lesson

## 楽しい現実をシミュレーションすれば、オフィスでハッピーに過ごせる♪

day 51

# ハーモニーリッチを加速させる、静かで豊かな夜の過ごし方。

## お金持ちマダムに嫉妬するのは普通の人。憧れて眺めてこそ、近づける。

夕方、きよちゃんと仁美さんと、リゾートエリアにあるグルメスーパーでお買い物をした。

上品で優雅なマダムたちはとても美しく華やかで、手には素敵なピンクのネイルが施され、つま先までもキラキラとした女性らしいファッションで買い物をしていた。そんな彼女たちを横目に見ながら、隣にある上品なカフェでお茶をすることにした。

「きよちゃんも日常的にこういう場所でお買い物をするようになるわよ。いずれはお子さんや彼と一緒に夕食のお買い物を楽しんだり」

と私が言うと、仁美さんが、

「きよちゃん、最近ずいぶん落ち着きが感じられる。リッチな感じが出てきたわ」

「リッチエリアにあるスーパーに来たら、どんなことを思えばハーモニーリッチにつながるのかわかる?」

と、私がきよちゃんに聞いてみた。

「そんな、スーパーに来てまでハーモニーリッチな感じ方ってあるんですか？」

「もちろんあるよ。ハーモニーリッチな未来を期待しながら、幸せな奥さんや家族の買い物姿を見て楽しむようにするの。それが未来のきよちゃんの姿。**未来のなりたい自分を見られるんだから、ここはディズニーランドより楽しいってわけ。幸せで輝かしい、未来のサンプル会場なんだから**」

「どういう意味ですか、未来のサンプル会場って？」

「普通の人は、『あら、お金持ちの奥さんはいいわね、ふん！』と、気分がよくないかもしれない。けれどお金持ちになる人って、そういう豊かな人を見るのが大好きなのよ。普通の人が執妬したりするのは、〝なれない！〟って決めつけてる自分に怒りを感じているからなの。だからイライラしないで、豊かな気持ちになって眺めるようにしてみる。そうすると急にやさしい気持ちになるから。そしたら、〝自分もいつかなれるわ〟って安心感でいっぱいになる。そして、しばらくすると自分もなる。ただそれだけの話」

「うん、わかるわ〜。リッチな家族をやさしい気持ちで眺められたら、出会いは本当にすぐそこなのよね」

と、仁美さん。

「続きが聞きたいです！　スーパーから家に戻ったら、どういうシチュエーションなんですか？」

「玄関を開けると綺麗なキラキラリボンのミュールが並べてあって、お姫様気分になるの。玄関にあるコンソールの上にはフレッシュなお花のアレンジとキャンドルが置いてある。そしてスワロフスキーの置き物がキラキラと光って、家に帰ってきただけで癒されてリッチ気分になるの」

「本当だあ、聞いているだけでもリッチな気分♪」

「そのあとピンクのハウスウエアに着替えて、ゆったりとソファに腰かけてメイクを落とし、バスタブにお湯をためてバラの香りのアロマ入浴剤を入れておく。お風呂に入りながら、ゆったりとボディケアをしたり、お風呂の香りとお湯に癒されて、今日一日の楽しかったことを思い出すの」

「私はバタバタ帰宅して、お姫様気分の夜なんて過ごしてませんでした。コンビニのお弁当を広げてビールを飲んだり。それでいつもお金もない、愛もないとか、ないものばかり数えたり。でも多美さんの夜の過ごし方って、特にお金がかかってないのに、聞いてるだけで豊かです。**豊かな気分での過ごし方って、お金がかからない、自分の習慣とか気づきとか、ちょっとした工夫…**」

「そうなんだよね。あとはフェイスケアを美しいドレッサーの前でゆったりと始めるの。彼が『綺麗な肌だね！』と言ってくれるのを思い浮かべながら！　これがミソだよ！」

「そうね、フェイスケアをしたり、ボディのお手入れをするときに、愛する彼がそこにいてほめてくれているのをイメージする。そうやってケアすると、すべすべモチモチのお肌になるよね♪　私も実践済み」

　と、仁美さん。

　さあ、ディナータイム☆

「じゃあ、夕食のときはどんなふうに？　私はコタツの上でお弁当を広げてたけど」

「コタツでほっこりもいいと思うよ。でもたまには、素敵な香りのキャンドルに火を灯して、雰囲気を楽しむ感性を養おうよ。いい雰囲気のイメージDVDを借りてきて、ワインを片手にディナーを始めたり。そして食事を楽しんだら、ソファでボディケアやネイルケアをしたり」

「う〜ん、セクシーな夜が始まりそうな…」

「そうなんだよ、こういう生活を送っているからこそ彼が現れるのよ。よい香りに包まれたらピンクのナイトウエアに着替えてベッドルームへ。ふかふかのリッチなリネンに包まれて、サイドチェストに飾られたバラの花を眺めながら、今日あったことを考えるのよ」

「もう最高♪　イメージが湧き上がってきて、今にも幸せ気分でゆったり眠れそう」

「楽しいことがあった日には感謝をし、うまくいかなかった日には上司にこう言えばスムーズになったな、とか、お客様にこうご説明して差し上げればもっとわかりやすかったかも、と、よりよくするためのイメージをしてみたり、将来のことをイメージして眠るの。彼と暮らす新居のことでもかまわないよ。ハーモニーリッチ婚している憧れのご夫婦なんて、最高なイメージ！　そういうご夫婦を思い浮かべると、きよちゃんにもそのような伴侶が現れて、理想の夫婦になれるからね！」

**Today's Lesson**

**夜は、素敵でハーモニーリッチな夫婦をイメージして楽しむ☆**

day 52

# ハーモニーリッチなキラキラ1週間スケジュール。

## スケジュールに書いたことからどんどん現実になる！

リゾートから帰宅した私は、女の子たちに「ハーモニーリッチキラキラ1週間スケジュール帳」を作って渡した。仁美さんにも以前あげたことがあり、効果抜群だったのだ。

「これ、私からのプレゼント」

「え～いいんですか～⁉」

と、千春ちゃん。

「かわいい～、赤でステキ！　一生大事に使います」

と、きよちゃん。

「どれどれ、えっ、もうスケジュールが書いてある⁉　多美さん何これ～」

「この通りにしなきゃいけない、っていうんじゃないけど、私が旦那様に出会う前はこういうふうに過ごすことが多かったっていう、あくまでも例よ。参考にしてみて。『することがなくて暇』なんて二度と言えない人生になるから」

「そうね。この通りにやってたら忙しくて楽しくて仕方がないもの。たくさん素敵な人に出会えるようになるしね」

と、仁美さん。みんな無言になってスケジュール帳を熟読し始めた…。

「月曜日、5時起床：朝、ゆったりと過ごす。…これぐらい早く起きないと忙しい私たちはゆったりとは過ごせないね」

と、千春ちゃん。

「6時：最近入ったホテルのフィットネスクラブでプール&ヨガ。7時：ホテルの朝食をいただく。隣のおじさんとお話。会社を経営しているらしく、『遊びに来なさい』と誘われる。…すごい、ホテルのフィットネスクラブかあ。もうここでも豊かな出会いがありそう。こういうふうに具体的に書いてもらえると行動しやすいね」

と、恵美子ちゃん。

「8時：仕事へ。12時：最近できた流行っているリッチカフェでお昼をいただく。…オーナーと雑談、だって。ランチもやっぱりリッチな雰囲気ははずせないんですね」

と、きよちゃん。

「あくまでも一例だから。必ずこうしなきゃだめってわけじゃないよ」

「17時〜18時30分：会社近くのレストランで軽く食事。19時〜20時30分：行ってみたかった投資セミナーに行く。少し投資を始めることにする。…投資ってどんな投資？　難しそうやし多美さん、やめておいてもいい？」

「決して無理にやることはないからね」

「でもそこで、知り合いになった会社役員さんと週末遊びに行くことになる、って書いてあるなあ。やっぱり出会いを求めるなら行きなさいってことなの？」

「きよちゃんが興味があるなら、っていうことだから、興味がないならやめとこう」

「火曜日、6時30分～7時：高級住宅街を散歩する。スタバに入って並んでいる人とちょっと立ち話。この辺にハイグレードマンションができるそう。帰りにリッチエリアのクリーニング屋さんにスカートを預ける。…ってやっぱり、マンションができるとか不動産の話って多いんですね。クリーニングまでリッチエリアかあ」

「そうだね、恵美子ちゃん。できるだけその場所に行ってみると、いろいろな生情報が聞けて面白いよ」

「8時30分：仕事へ。17時30分～18時30分：リッチな雰囲気のレストランバーで軽く食事。19時：リッチエリアの美術ギャラリーに行く。20時：そこで知り合った画廊の方と少し飲みに行く。…美術ギャラリーも豊かな感じがします。絵の勉強もしてみようかな」

「うん、いろんな教養をつけるっていうのは感受性を高めることだから、おすすめだよ！」

「水曜日、7時：高級住宅地を散歩。7時30分：高級住宅地にあるコーヒーショップで朝食をとる。…ここでもお知り合いとかできそうな感じだね。8時：仕事に行く。18時30分～20時：選挙のお手伝いのボランティアに行く。…選挙って、どうして？」

「選挙のお手伝いって、選挙事務所のアルバイトとかボランティアがあるのよ。そこで紹介されて付き合いが始まる人もいるから、手伝うのもいいかも。そこから議員の妻になる人もいるし」

「木曜日、7時～7時30分：高級住宅地を散歩。帰りにクリーニングを取りに行く。7時40分：スタバで軽く朝食。近所の人が来て世間話。…もう完全に住人ですね」

「そうやね、何度も行ってたら顔見知りになるもんね。そういうところから人間関係ができていくよね？　そのためのスケジュール帳なのよ」

「あっそうでしたね！　18時：仕事後、軽くホテルのバーで食事。19時～20時30分：習い事を始めたので新しい友人ができる。20時30分～22時：その友人と軽く飲みに行く。…本当にアクティブに人脈を築いていくスケジュール。なんか楽しそうですね！」

「恵美子ちゃんが真似したかったらするといいよ。でも無理やりしてもいいことないからね。〝楽しく！〟が基本だよ」

「はい。次は金曜日、7時～7時30分：高級住宅地を散歩。7時45分：自宅で綺麗にテーブルセッティング。コーヒー&朝食。…テーブルを豪華にセッティングしてみるって、いい感じですね。明日からやってみますね♪　9時：仕事へ。17時：医療関係者のパーティーに呼ばれたので行く。19時デートに行く。…なんだかいい感じです。架空のスケジュールだけど、本当に起こりそうです！」

「うん、そうだね。千春ちゃん、次はリッチなキラキラ週末の過ごし方。リッチなリゾート地で週末を過ごす方法！」

「あ、いいですね、読んでみましょう！　土曜日、7時～8時：リッチなリゾートエリアを素敵な音楽を聴きながらドライブ。8時～9時：コーヒーショップで朝食。9時～10時：ヨットの見学もしくは美術館めぐり…気持ちよさそう！」

「次は、11時：ヨットの仲間と近くのレストハウスでお昼ご飯。12時：テニスの試合観戦、リッチエリアでショッピング、ホテルのスパとエステを楽しむ。…自分の生活にリッチな要素を組み入れていくんですね」

「うん。そうすることで、チャンスを招き入れるわけだしね」

「18時30分：ホテルのレストランで食事。韓国の会社経営者と仲よくなる。来月、韓国に遊びに行く予定。…予定って、まだ決まってなくても書くんですね」

「書かなくても、どっちみち似たようなことが起こり始めるよ！」

「日曜日、7時30分：リッチリゾートエリアのコーヒーショップで朝食。お店の方にこの辺で楽しめることなどを聞いてみたら、とても気さくに教えてもらえる。『またおいで』と仲よくなる。…休みの日のリゾート地って、みんな気さくな感じがしますよね？」

「そうね、休みの日はみんなくつろいでいるから、友達にもなりやすいよね」

「8時30分：リッチエリアにある教会へ。11時：最高級ホテルで友人とブランチ。その後、不動産エージェントと待ち合わせ。別荘、マンションを紹介してもらう。行くたびに見るだけ見て帰るのだが、現地でマンションや別荘のオーナーに紹介していただく。オーナーの息子さん（独身）と来週会うことになる。…えっ⁉　こんな展開でお付き合いが始まるんですか、多美さん（笑）」

「笑いごとじゃないよ。このくらいの展開、普通にあるよ」

　と、私は真剣に言った。

「そうなんですね。最近、女優写真を撮ったのでそれを渡していく。…このプログラムでやってきたことが、こういうところで活かされるんだあ。深いなあ～」

「そうなんだよ、明日『写真ください』って言われることがあるかもしれないよ！」

「ふ～ん、女優写真を使う場面が出てくるってことですね」

「うん、それがいつ起こってもおかしくないよ。だんだん現実か空想かわからなくなってくるでしょう?」

「多美マジックにはまるよね、恵美子ちゃん?」

と、仁美さん。

「そうですね～。17時：帰宅。1週間を思い返し、明日のために考える。どんな服装だったかな? 笑顔でいられたかな? そしてピンク色のかわいい家事用のウエアに着替えてお掃除とお洗濯。リッチエリアのスーパーで食材を買う。食材についてお店のオーナーにエレガントに聞いてみる。…すご～い、完璧ですね」

「なりきってエレガントに聞く、っていうのが楽しいのよ～。もう女優気分♪」

と、仁美さん。

「19時30分：友人と自宅でリラックス&ディナー。その後、楽しい読書などしながら早々にベッドへ☆　これだけこなしていたら十分人生楽しいですね!　このスケジュール帳、大切にします!　やってみたいと思えるところから取り入れていきますね!」

### Today's Lesson

**予定がなくてもやってみたいことを、お気に入りの手帳にどんどん書き込む。**

day 53

# このプログラムをこなして、うまくいく人、いかない人。

## 「何も変わらない」と愚痴っていると、それが現実になってしまう。

「私、がんばって多美さんのプログラムを実践してるのに、いまだに将来の旦那様候補が見つからないんです。なんで～？」

　恵美子ちゃんがイライラ気味に聞いてきた。

「ちょっと落ち着いて。**ハーモニーリッチ婚する人は、このプログラム自体が楽しいからという理由で、結果を求めずにやっていた、という人が100％。**反対に、うまくいかない人は、『〝感謝しています〟と言ったり、一人で行動してみたけど何も変化がない！』とすぐに愚痴るの。何百人という、今までうまくいかなかった人の特徴は『私はお見合いをして全部断られました。もう30代も後半です。早く結婚したいわ～』という感じ。自分から不幸なスイッチを押しているのに気づいていないことが多いねん。『〝ありがとう〟を1000回言ったのに、リッチファッションもしたのに、何も起こらない！　願いも書いたのに叶わない！』って愚痴がいっぱい入った見えないゴミ袋を持って歩いてる。それで幸運も富も彼も寄りつかないというわけ」

「へえ〜、私も〝愚痴袋〟を持って歩いてるのかな？」

「今の例だと、『結婚するには年を取りすぎている』と年齢のせいにして自分を綺麗にすることを放棄してしまう。それなのに『早く結婚したいわ〜』と言っているわけ」

「あ〜、よくわかります」

「『このプログラム通りにして結果が出るなんて、そんなのはごく限られた人だけ』と思ったなら、そう思った人はその通りになるわよね。その時点で、現実としてハーモニーリッチ婚は起こらない」

「思ったことが現実になる、ということですね」

「結果を求めずにこのプログラム自体を楽しんでやってたら、気づいた頃にはハーモニーリッチになってるよ。ダイエットとまったく同じ。流行のメソッドで一時的にやせようとしても、リバウンドするだけ。リバウンドなしの〈一生ハーモニーリッチな人生〉のために、習慣化すること。それができればハーモニーリッチな現実がやってくるから！」

「はい、続けます。もう愚痴らないで、淡々と楽しく習慣化していきます」

**Today's Lesson**

**楽しくてしょうがない！**

**と思えるまでプログラムを習慣化してしまう。**

day

54

# いい意味での自己チューを目指す、そこから幸せが舞い込んでくる！

## イチローも宮里藍も、自己チュー思考で試合に勝っている。

「私、なかなかうまくいかなくて、最近ちょっと焦り気味なんですけど」

と、恵美子ちゃんが不安そうに訊ねてきた。

「**うまくいく人たちが考えるのは、『つらかった過去もすべてこの幸せのためにあったんだ』ということ**。いい意味での自己チューやねん」

「えっ、いい意味での自己チュー⁉」

「そう。すべて自分に都合のいいようにとらえることができるの。そうとらえることが、結局自分にとって精神的にも肉体的にもメリットがあるし、経済的にも成功する秘訣だと知っている。いわば、**究極の損得勘定で生きてるねん**。例えば、タイガー・ウッズさんもイチローさんも宮里藍さんもそれぞれ、自分のことだけに集中したから試合に勝てた、と言ってたわ。〝いい意味で自己チューになると試合で勝てる〟という主旨のインタビュー記事を読んだことがある。これはハーモニーリッチになるのと同じやと思うねん。人のスコアばかり気にしてたら、自分の道に集中できなくなり、いいプレーができなくなる。恵美子ちゃんも同じで、人がハーモニーリッチ婚したとかしないとかを気にしていたら、自分の道に集中できなくなって、しんどくなって、いい人生が送れない」

「さすが一流選手は違いますね。自分を保つことにフォーカスしてる」

「例えば、自分があることをすればみんなが困らない、とわかっていた場合でも、自分がやりたくなかったら断ることができる人、これはいい自己チューなのよね」

そう言って私はまた、ノートに挟んであったリストを取り出した。

## いい自己チューの習慣

・結婚・就職のような大きな決断から、日々の誘いに至るまで、自分のやりたいことだけを自分の判断で選べる。
・〝相手に悪い〟ではなく、〝まず自分はどうしたいのか？〟という心の問いを繰り返している。
・好きなことだけを選択し続ける。
・付き合いたくない、嫌いな人と、無理に仲よくしない。

心の声を無視して好きでもないのに相手に合わせてしまう、重大な決断をしてしまう。

そんなことはないかな？　自分のために〝好き！〟と思う気持ちを優先しよう。いい意味の自己チューになれば必ず〝好きなことばかりの生活〟が訪れる！

ただし、いくら自己チューがいいといっても、

・『やりたくなかったのに！』とあとになってから愚痴る。

・約束に遅れる、期日にお金を払わないなど、公的な約束事が守れない。

などは、もちろんダメ！

「どう？　読んだ？」

「徹底して、自分本位なんですね」

「そう、いい意味で自己チューとは、自分がまず幸せになること。幸福を得た人は、見返りを求めない本当の愛を人に分け与えることができるから。自分の幸せを二の次にして人を幸せにしようとするのは無理がある。そのうち相手に振り回され、感謝もされず、見返りを求めてしまう、という悪循環が始まる。結局、自分も相手も幸せでない、というおかしなことになるねん。本当のいい意味での自己チューとは、**自分自身に本当に満足し、自分中心のベストな決断ができること**。多くの幸せなお金持ちも、いい意味での自己チューで、自分の幸せを守っているのよ」

「まず自分が幸せになって、余裕ができたら人にやさしく、見返りを求めず生きるってこ

とですね」

「そう、その通り！」

**Today's Lesson**

## 自己チューでいいので、自分が求める気持ちを最優先する。

day
55

# 知識をひけらかさないで、謙虚に男性の意見を聞く。

## ときには知らないふりをするほうがいいケースもある。

ゴルフデートの帰り、千春ちゃんと田丸さんがいい雰囲気でベネチアンに入ってきた。

「千春ちゃん、ゴルフ上手だね～。びっくりしたよ」と田丸さん。

「そんなことないです～」と千春ちゃん。

「どこかで習ったの？」

「習ってはないです。ゴルフの本読んで、見よう見まねでやってみたり。でも、ゴルフの本ってどれも同じであまり面白くなかったですね」

「あ～、そう。そうだ、今日は用事があるから帰るわ。ごめんね、今日はありがとう」

と、田丸さんが帰ろうとしたところ、ちょうど私と入れ違いになった。

「あ、今日はゴルフやね？　面白かった？　今度また主人と一緒に…」

「そうやね、また電話するわ」

「えっ、なんか気分悪い？」

「なんもないよ」

ちょっとぶすっとして、田丸さんは店の外に止めてあったマセラッティに乗り込んだ。カウンターでは千春ちゃんがメソメソしている。

「あ～私、何かやっちゃったみたいです。急に田丸さんの機嫌が…」

「大丈夫だよ。まあ、田丸さんはちょっと難しいところがあるけど。なんでも失敗から学習するのはいい経験。大丈夫やって」

「何がいけなかったんでしょう？」

「う～ん、『あ、それ知ってるわ！』とか『読んだわ、それ』とか言わなかった？　それを言うと会話がそこでストップしてしまうから、嫌う男性は多いわね」

「そうか、そういうの田丸さんは嫌なんですね」

「謙虚に『教えてください！』って言える女性のほうが、やっぱり好かれるわね」

## ☆武勇伝を喜んで何回も聞く☆

「私、ゴルフで田丸さんがすごいスコアを出したのに、特にほめたりしなかったかも。それに、田丸さんは朝も5時起きで運転してくれてたっていうのに、帰りの車の中でも私は寝ちゃって…」

「やっぱり、田丸さんと長く一緒にいようと思うなら、心を柔軟にして話を聞いて、あまり知ったかぶりをしたりしないこと。それと、気づいたことはどんどんほめてあげること。男の人って、何回も話した自分の武勇伝を、今日初めて聞いたかのように感動してほしいものなのよ！」

Today's Lesson

どんどんほめる、かわいい女を目指そう☆

day
56

# 数千円のスタイリングで、驚きの結果が待っている！

## サロンに行くだけで、人生が大好転するきっかけが！

千春ちゃんは茶髪のロングヘアをやめて、日焼けしすぎた肌をホワイトニング、レディになるために日々努力をしていた。

「千春ちゃん、髪の色も栗色に落ち着いて、だんだん上品でいい感じになってきたね！」

「デート前にサロンに行くようになってから、田丸さんも喜んでくれます」

「サロンで髪をスタイリングしてもらうっていいでしょう！　美人度が10倍上がるし、10歳若く見えて、やせて見える。スタイリングなんてわずか数千円の投資。髪は女の命よ。実家の〈華すし〉に来ていたお金持ちと結婚した女性たちは、決して美人でもなく、中には40代後半で2回目の結婚した人もいたのね。それが不思議でしょうがなくて、その女性たちを研究してたの。すると、例外なくヘアスタイルが美しい、ということに気づいたの」

「へえ～、髪型が違うだけでそんなに…」

「身近にもわかりやすい例があるねん。例えば通販カタログ。ヘアスタイルが完璧なだけで、数千円のワンピースが素敵に見えるやん？　でもそれを買って、同じように着てみても、貧乏臭く見えてしまう…。その差がサロンのヘアスタイル効果なのよ!!」

「確かに！　私もう、週一のデート前のサロン通いがやめられません。綺麗にしていくと、決まってどこか素敵なレストランに連れていってもらえるし、レディ扱いしてもらえて、みんなやさしい感じがします。今までの茶髪のときとは、えらく扱いが違います」

「林さんの奥さんも芦屋でコーヒーショップのアルバイトをしていた当時、未来のご主人が来店する月曜日の朝だけ２０００円でスタイリングしてもらい、『あなたほどの美人を見たことがない』とお付き合いを懇願されたんだから。そんな現実がいつやってこないとも限らない」

「多美さんもそうだったんですか？」

「もちろん、週末の特別デートの前はサロンに行ってたよ」

「今でもそうですよね？　二人でお食事のときはいつも綺麗にされていて」

「そう、サロン帰りによく声をかけられたり、道を聞かれたり、お店でやさしくされたり。これ、おまけしとくよ！　とか。綺麗にしたらほんと、得することばかり！」

「私も実感としてわかってきました」

「それから、就職試験、大切な顧客や友達に会うとき、セミナーに行く前も、サロンに行ってみて！　人生が大好転する驚きの結果が待ってるよ！」

Today's Lesson

何かあるたびに、
こまめにサロン通いをしよう。

day
# 57

# 食べないダイエットは即終了！

## 多少太っていても健康的な女性が求められている。

千春ちゃんたちとランチに出ることにした。

「私、サラダだけにしとく」

「千春ちゃん、最近げっそりだよ。どれぐらいやせた？」

と、きよちゃんが心配そうに言った。

「5kgぐらい…」

以前拒食症だった私が、間髪入れずに言った。

「えっ！　だめだよ。今すぐにダイエットはやめよう。千春ちゃんは近い将来、素敵なご主人と子供たちを支えていく大切な体なんだから。田丸さんだって、やせてる人より健康的な人が好きだって言ってたよ。多少太っててもハーモニーリッチ婚をする女性はたくさんいるから安心して！　食べないダイエットは体を壊すわ」

「確かに最近、夜になると無性に何かイライラしてきたり…」

「それ、拒食症の前段階やし。あれは地獄やで。生理も来ないし、体は冷たくなってイライラして、お肌ボロボロで不健康そのものやったわ。まったくハーモニーリッチからはほど遠い世界。年がら年じゅう体重のことを考えるのは、時間の無駄よ！」

「そうだよ、食べようよ！　田丸さんだってレストランに行って一緒に食事するのが喜びなんだから！」

と、恵美子ちゃんが励ました。

「見た目の工夫！　顔周りがすっきり美しく見える方法を学べばいいねん」

と、私はまたノートから、１枚の紙を取り出した。

## 太って見えるアクセサリー

・丸いサングラスや眼鏡
・ブレスレットサイズのフープイヤリング
・大きくぶら下がるイヤリング

## やせて見えるアクセサリー

・細く縦長の下がるイヤリング

・チェーンの先にしずく形のストーンがついたイヤリング

## やせて見えるメイクなど

・目尻のつけまつげで切れ長の目を演出。
・まつげがしっかり上向いている。
・適度な頬骨のシェーディング。
・眉毛を綺麗に整えている。
・ナチュラルな色（ベージュピンクなど）のリップペンシルで口角を上げて描く。
・アイラインは自然にぼかす。
・顔周りを明るくするために、ブライトカラーのVネックのニットなどもOK！

## 太って見えるメイクなど

・アイライナー、マスカラをしないメイク。
・アイライナーの線がぼかされておらず、くっきり太くて黒い。
・眉毛の抜きすぎ。またははっきりと直線的に描かれている。

・頬紅をしない。

Today's Lesson

ダイエットするよりも、
やせて見えるメイクでカバーする。

day 58

# 早寝&熟睡が美と健康脳をつくる！

## 肌にもいいし頭も冴える、9時就寝を習慣に！

「最近、眠〜い。きのうも2時まで起きてたし」

と目の下にクマがクッキリの恵美子ちゃん。

「恵美子ちゃんさ、夜9時までに眠ってみたら？　間違いなく、気分がよくなるよ」

「9時なんかに寝れないですよ〜。仕事してた頃は退社が9時でしたから」

「健康な体になりたいなら、連休やまとめてお休みを取れるときだけでも、3日間連続して9時に寝るのを目標にしてみる。それだけでさまざまな心と体の変化を感じるよ！　億万長者マダム・林さんの奥さんの**美と前向き脳の秘訣は〝9時までに寝る！〟**だった。ぐっすり眠った翌日は、ピチピチな桃みたいなお肌とすっきりとした頭で、生まれ変わったようになるよ！　9時に眠るのが習慣化すると、悩み事をうじうじ考えなくなったり、気分がいつもすっきりしていて、仕事がはかどり直感も冴え渡る！」

「考えたら、毎日2時に寝てたっていうことが休職の原因やわ…。いつもボーッとしてるし、直感なんて働いてなかったな」

「私の場合は、たくさんのお金持ちとご縁ができることになったアルバイトを、直感で1秒で決めたり、その後もさらにお給料の高い仕事にヘッドハンティングされたりしたな。**睡眠をよく取ると、脳内にさまざまなホルモンが分泌され、直感で考えられるようになり、脳がすさまじく働くようになるの！**」

「早く寝ないと損みたいですね。運命の人とも出会えない理由は〝不健康〟だったのかも」

「お金持ちになるためには恵美子ちゃんの直感や美、健康のすべてが必要やねん。〝お金持ちになりたかったら眠る！〟ということでもあるのね。それをハーモニーリッチな生活のルールにすると、いろんな無駄が省かれ、すべてが効率よくなることがわかってくるよ。ゆうべは何してそんなに遅くなったの？」

「なんとなく…。テレビ見たり、電話とかネイルとか、パソコンしたり」

「前も言ったけど、テレビはやめてみて。パソコンでダラダラとネットサーフィンしたり、意味のない長電話もやめてみよう。そして素敵な眠りのために、食事や寝具のこと、香りのことに気を使うようにしてみようよ！　眠ることがとても楽しく大切なイベントになるから！」

## ☆熟睡するための方法☆

・一日5〜10分は日光に当たる（夜にメラトニンを分泌させるため）。
・夜は遮光カーテンで真っ暗にして眠る。
・食事はきちんと日本食を中心に3食食べる。
・寝酒は熟睡できないのでやめる。
・眠る2〜3時間前からは、パソコンなどの電子機器を使わない。
・怖いテレビ番組を見たり、刺激の強い音を聞かない。
・部屋は快適な温度（22度ぐらい）に保つ。
・お花をベッドサイドに飾り、それを眺めながら寝る。

**Today's Lesson**

**休みの日は、9時までに寝てみる。**

day 59

# 結婚式をイメージしながら、眠りに就く。

## 幸せを実感しながら、イメージトレーニングしてみる。

「9時に寝るのはわかりましたけど、寝る前にしたほうがいいこととかありますか?」

と、恵美子ちゃんが聞いた。

「私は、寝る前に頻繁に、ウエディングドレスの自分とタキシード姿の男性が、教会で誓いの言葉を述べている場面をイメージしてたわ。とにかくその場面をイメージすると幸せ～な気持ちになる」

「へぇ～、聞くだけでも幸せ」

「自分が思う結婚式の、湧いてきたイメージの中で遊ぶようにすればいいの! 想像の中ではどこへでも行けるよ。このプログラムをしているとテレビをやめたり、いらない情報が入らないような生活になるから、想像力や感受性が強化されてくるはず。私の場合は視覚でイメージが湧いてくるみたい。人によって視覚、嗅覚、聴覚、触覚など、イメージの湧き方が違うみたいね。恵美子ちゃんはどのタイプ? それぞれのタイプ別にイメージしやすい小物を挙げておくわ」

## ☆五感イメージのタイプ☆

視覚イメージ　ウエディングドレスを見に行ったり、結婚式にまつわる写真を記憶しておいてイメージしてみる。

嗅覚イメージ　結婚式のときにつけてみたい香水を身につける。また、キャンドルの香りを部屋で楽しむ。

聴覚イメージ　結婚式のときに聴きたいＢＧＭを部屋に流す。

触覚イメージ　ウエディングドレスを扱うショップに行き、ドレスの感触を確かめておく。彼が着るであろうタキシードの生地に触れてみる。

いかがでしょうか？　眠る前にイメージをふくらませてみてください。キュンキュンしてきて、ルンルン楽しくなってくる！　楽しいわ〜、と、幸せを感じながら眠るのです☆！

**Today's Lesson**

**五感を総動員して、**
**キラキラ美しい結婚式を夢の中で楽しもう☆**

day 60

# 彼に何かを与えられますか？

## もらうばかりでなく、彼にあげられる何かが必要です。

女の子たちとリヨンでお茶をすることになった。

「みんな、ハーモニーリッチな彼に対して、何をしてあげられる？　こちらから何かをしてあげたい！　という思いがあってこそ、豊かな彼もあなたに何かをしてあげたい、と思うようになる。ハーモニーリッチな男性は、自分から何かを得ようとするばかりの女性なのか、何かをいつも与えてくれようとする豊かな女性なのか、即座に見分けるよ」

「私、もらうことばかり考えてたなあ」

と、千春ちゃん。

「与えるといっても、金品である必要はないんだよ」

「それって何？」

と、みんな身を乗り出してくる。

# あなたの特技は何ですか？

「例えば料理。これは一番大切だね。彼の食事管理をすることは、彼の命を預かること。それに収納、掃除。プライベートなスペースなど、お手伝いさんに任せられない場所もあるやん。お金持ちな彼はとても綺麗好きだから、下着類などもきちんと整理してあげてね」

「田丸さんもすごく綺麗好きです。掃除ですね！　今までの多美さんのプログラムが活きるときが来た！」

　と、千春ちゃん。

「それから、インテリアの話もしたよね。家具選びにはその人の品格が表れるものやから、建築やインテリアの勉強をして、新居に備えてセンスを養っておこう。それから語学。できると旅行にもビジネスにも何かと便利だけど、ワクワクしないのなら、別に必要ないわ」

「私、イタリア語を勉強してみたいと思っているんです。将来の彼はイタリア人かも？」

　と、恵美子ちゃんがときめきながら言う。

「あとは簿記、会計、税金のこと。これはご商売されてる方の妻なら、必須条件に入るからね。とにかく今から勉強して」

「お金持ちはお金の計算もできないといけないんですよね」

　と、きよちゃん。

「親戚、ご近所、会社の従業員さんなどとの人付き合いを笑顔で、社交的にそつなくできる妻がいる会社は伸びるよ」

「お母さんも同じこと言ってたわ。挨拶ができないのは商売する資格なしって」

と、千春ちゃんがしみじみ言う。

「それから千春ちゃん、健康、美しさ、前向きな生き方も大事だよ。前向きな千春ちゃん自身が、彼への最高のギフトです！　それに、**育児や料理とか、〝誰だってできるでしょ〟と思うようなことが得意なのも、実はすごい才能なんだよ**」

「私、子供が大好きだし、料理もだいぶ上達した。これも自分の長所だったんだ。よかった〜。とびぬけて美人とか学歴もハイレベルということより、彼を支えるっていうことが大切なんですね」

「そうそう。できることをどんどん伸ばしていこう！　それが彼に差し出せる千春ちゃんの財産だよ！」

Today's Lesson

ありがとうと言われることを、
自分から進んでやってみる。

day 61

# 結婚してからも、ずっとプログラムを続ける。

## これが習慣になれば、あなたは永遠にハーモニーリッチ。

「多美さん、私、ついに田丸さんと婚約することになったんです！」

仁美さんとリヨンのテラスでフルーツパフェを食べていたら、飛び跳ねて興奮した千春ちゃんがやってきた。

「わあ、おめでとう！　よかったわね〜」

「おめでとう！　千春ちゃん」

「今度は結婚してから、田丸さんとどうやって富と愛を広げてハーモニーリッチ婚を続けていくかがテーマです。多美さんや仁美さんみたいに、幸せでラブリーな家庭を築きたいです」

「そうね、**ハーモニーリッチな生き方というのは75日間だけではなく、一生続いていく豊かな人生のあり方なの！**　これを75日実行すればハーモニーリッチな彼にはいずれ出会うだろうし、続けていけば、ハーモニーリッチ婚になるやろうし。さらに3年続ければ、収入も知的好奇心を満たすこともたくさん増えていくし。シャネルのバッグでもケリーバッグでも、ポルシェでもベンツでもなんでも手に入っているわ。それから5年ぐらい経つと、千春ちゃんの周りにいる人たちもガラッと変わっているよ」

　と、私。仁美さんが続けて言った。

「田丸さんならすぐにあのペントハウスに入居して、車なんかも買ってくれるんじゃないの？」

「それはそうかもしれないですけど。私、つい最近までは『お金、お金』と、そればっかりで生きてました。でもそんなの求めてもあまり幸せじゃなかったから、もうタクシーと電動自転車でいいです」

　と、千春ちゃん。

「え〜、多美さん聞いた？　千春ちゃん人間が変わったみたい！」

「だから田丸さんにプロポーズされたんじゃないの？　電動自転車もいいけど、千春ちゃん、すぐにキラキラドレスを着るようになるよ。パーティーでも自宅でもホテルでもレストランでも。楽しい人生が始まって、愛する彼から愛されまくりの日々が流れていく。田丸さんもパーティー好きだしね。千春ちゃんの醸し出す雰囲気が、ずっとうまくいく人と同じようになってきてる！　すごいやん」

「えっ、私が多美さんたちと…同じ？」

「そう、これにはきちんと根拠があるの。私はお金持ちと結婚していった何百という女性たちを見てきたけど、暗いファッションや、覇気のない生き方をしている人で、お金持ちと結婚した試しがないねん。反対に明るくてイキイキキラキラとこのプログラムを実行している千春ちゃんたちみたいな女性が、なんの前触れもなく、ハーモニーリッチなお金持ちの彼と出会い、結婚している。千春ちゃん、田丸さんのご機嫌を損ねたときもきちんと学んできた成果やね！」

「めげずに素直に自分を変えてきてよかったです」

「出会う、出会わない以前に、このプログラムにあった〝準備をしておくことが大事〟ってこと、理解してた？」

「はい、やっとわかってきました。田丸さんと出会って誘われたときは、プログラム通り、部屋を綺麗にして、自分の心も綺麗にして、ヘアもメイクも、言葉についても人生についても、たくさんの気づきがあったあとでした。それでもまさか誘われるなんて半信半疑だったけど、今思えば必然だったような気がします」

「でしょう？　出会う道理ってあるんだよね。お金持ちと結婚した人が、そのお金持ちと出会う直前にお話したことがあるねん。声が楽しそうやったわ～。反対に『結婚したい！』とばかり言う、とにかく暗く話す人もいたな。その人には、元気よく『はい！』と言ってもらう練習から始めたんだけど。その彼女はセルフイメージが高くて、〝あなたのままで大丈夫！〟とキラキラピンクな励ましをしていったら、1カ月後に『ハーモニーリッチな彼氏ができました！』とご報告を受けたわ。要は結婚したいと言うだけで自分の暗い雰囲気に気づいていなかった。ハーモニーリッチになりたいと言ってもなれるはずがなかった、と話してくれたわ。明るく生きてたらいいことあるねんって！」

「ですよね！」

Today's Lesson

プログラムは結婚しても楽しく続けると
一生豊かなハーモニーリッチ婚が実現する！

day 62

# できない理由を並べる前に、できる方法を考え続けよう。

## 「できない」と口にすることが、不幸せな現実をつくっている。

「私、なんかもう出会えないような気がしてきた」

と、きよちゃんがリヨンで弱気になっている。

「千春ちゃん、来年結婚…。はあ〜」

「ちょっときよちゃん!、もう忘れたん? 千春ちゃんを心からお祝いしてあげて! ハーモニーリッチにうまくいく人は、どんな状況でも〝いいことを見つけよう!〟といつも探してるの。ところが、うまくいかへん人は長々と、今まで自分が結婚できなかった理由を話す。『私は40代後半です』『田舎なんで、いい人との出会いなんてないんです』『最近病気がちですが、お金持ちと結婚したいのです。どうしたらいいですか』などなど、ずっーと言うてる。これはまたもや、勉強もせず『東大に行きたいのですが、どうしたらいいですか?』って聞いてるみたいなもんやで〜」

きよちゃん、大笑い。

「すみません、ちょっと弱気になってました。私にできることを探します」

「そうやねん、まずそこに気づかないと次のよい展開がない！　地元の会社社長と出会って結婚した40代の秋田の知人は『結婚の仕方を教えてくれてありがとう。多美さんに出会えて本当によかったです。できることからやってみます』が口癖だった。将来うまくいく人とうまくいかない人の違いが、話し方やメールではっきりわかる。１＋１＝２と同じくらい、ハーモニーリッチの公式というのがあるな、と確信するわ」

**Today's Lesson**

**愚痴を言う時間があったら、やれることを探し続ける。そこから運が開ける。**

day 63

# いいことを探し続ける努力が、ハーモニーリッチをつかみ取る。

**最悪の状態でも、輝く努力を怠らない。**

「愚痴らずなんでも楽しめる人は、必ず最悪の状態からでもハーモニーリッチになれるから。今が大変でもがんばって明るく生きよう！　家族や周囲に起こった出来事を、自分でコントロールすることはできないけど、つられて落ち込まないように。逆に**励ます立場になることが、運命を自分で切り開いていくコツやね**」

「落ち込んでたらだめですね。自分も励まさないと」

と、きよちゃんがポツリ。

「**つらい様子を微塵も見せず、フワフワ温かい愛を感じさせる女性こそ、ハーモニーリッチな彼が一生離したくない女性**なの！」

「精神的にも強くないとお金持ちの妻は務まらないのかあ」

と、恵美子ちゃん。

みんなを笑顔で励まそう

「私なんて、休職中でもう40手前…」

「ストップ、恵美子ちゃん！　**あまりよくない状況にいるときほど、周りの人を励まそうとする愛は光るよ**。ハーモニーリッチ婚した桃香ちゃんを覚えてる？」

「半年前までリヨンに来ていた常連さん」

と、きよちゃん。

「このご時世、会社でみんなが暗くてネガティブでしょう。だからそんな会社を辞めるという選択肢もあったけど、彼女はみんなを笑顔で励まそうと決心したんよ。笑顔を絶やすことなく、心を込めてお茶を入れたり、『おはようございます』と明るく挨拶をしたりして、〝一人でも多くハーモニーリッチになれたらいいな♪〟という気持ちで仕事をこなしてたそうよ」

「私たちとはすごい違いです…」

と、恵美子ちゃんが言う。

「あまりにもみんなが愚痴や泣き言ばかり言うから、トイレで泣きそうになったこともあったみたい。それでも気を取り直し、〝きっと明るくなれるはずだ♪〟と希望を持って働いていたのよ」

「へえ～」

「彼女はピアノを習っていて、ある日先生から『夜のクラブでピアノを弾ける人を探している。2、3日弾いてほしい』と頼まれたのよ。そこはごく少数の億万長者のみが訪れる場所。気分転換にちょっとおこづかいを稼ごうと始めた。そうしたら、そこの常連のお客さんが彼女に一目ぼれし、お付き合いが始まってん」

「え〜、そんなことがあるねんなあ。元気にしてたらそういう場所に導かれるんですね」

「その億万長者の男性は、『ただ彼女はキラキラ光っていた。人と違うものを感じた』と言っていたよ。彼らは人を見る目があるから、恵美子ちゃんたちも、いつ出会っても人と違う輝きを放てるように、楽しく今の現状を打破していこうよ」

「はい、心を入れ直します♪」

Today's Lesson

周りの暗さに流されない。こんな時代だからこそ、あなたが光になればいい！

# day 64

# クリエイティビティがあれば、結婚後、さらなるお金持ちに！

## ソーイングでもショップめぐりでも、創造性を鍛えて楽しもう。

「クリエイティブなことで、何かやってみたいことない？」

と、私が聞いた。

「例えばどんなことですか？」

と、恵美子ちゃん。

「そうやね、まずハーモニーリッチ婚をするとお金も時間も、余裕がいっぱいできるはずやから、何かを始めたい！　と思うんじゃない？」

「そうですねぇ、私ならかわいらしい小物、子供の服、カーテンとか作ってみたくなるかな」

と、恵美子ちゃん。

「私は手芸が苦手です〜」

と、きよちゃんが言った。

「絵を描いたり、プリザーブドフラワー、カルトナージュといった、幸せなきよちゃんを表現するのにぴったりな趣味が見つかるよ。自分のクリエイティビティを開発していこう！」

「結婚のことばかり考えるので、疲れてました」

「当時の私は、なんだかそわそわ、うきうき、ワクワクして、いろんなかわいいものを作ってみたくなってたよ。かわいいモアレピンクの生地を購入して、小物入れや椅子のカバーを作ってみたり、カーテンを作ったり。お部屋や身の回りがどんどんかわいくリッチで女の子らしくなっていくのが楽しかった！　材料費のみでそんなにお金もかからないし。そっちがあまりに楽しくて、完全にハーモニーリッチ婚のことを忘れていた頃、彼から連絡があったの！」

「やっぱり執着をなくすのが大切なんですね」

　と、恵美子ちゃんが言った。

## 好きなことをしているとギフトがいっぱい届く♪

「なりたい自分の夢を思い描きつつ、自分の好きな創造的なことに没頭してると、気づいた頃にはすべて叶ってるよ。例えば私がやっていた、あまりお金がかからない自由で創造的な遊びは…」

・料理、お菓子作り。
・ソーイング教室に通う。
・原稿執筆。
・絵を書く。
・おいしいお菓子屋さんめぐり。

「楽しそうですね！　私は何から始めようかな～」

と、恵美子ちゃんが言う。

「彼と出会う前のこの時期に自分の好きなことを見つけておいて、結婚してからビジネスとして発展した例も数多くあるよ。私もこのあたりから日記的に原稿執筆を始めていて、結局本を書く仕事として成り立っているし」

「**余裕の時間は黄金の時間**ってことですね！」

と、きよちゃんが言った。

「ハーモニーリッチ婚をして時間とお金ができると、もともとの創造的な遊びが仕事になってますますお金持ちになったり、愛と幸せと富の連鎖が止まらなくなっていく！　みんなも彼に会うまでに楽しんで創造的な生活をしてみよう☆」

## ハーモニーリッチ婚した友人たちの創造的な遊びの例

・ランジェリーショップ、ドレスショップ、シャネルのショップめぐり。その経験を活かして、服のデザインを始める。会社員の彼とハーモニーリッチ婚後、自分で子供の服すべてをプロ並みの完成度で製作する。

・高級マンションのモデルルームめぐり。インテリアが好きで通ううちに、自分で室内のデザインを手がけるようになる。会社役員の彼とハーモニーリッチ婚し、ご主人の会社と自宅をデザインした。

・ジュエリーショップめぐり。ほぼ毎日遊びに行っていたジュエリーショップで息子さんを紹介され、結婚、店の経営に参画する。

・高級化粧品店めぐり。一日に何度も百貨店でカウンセリングを受けていた。そのあとハーモニーリッチ婚し、自分で化粧品ショップを開業した。

**Today's Lesson**

**彼に出会う前にこそ、創造的な活動をしてみよう！**

day 65

# 「お付き合いしてください」と彼から言われる方法。

## ハーモニーリッチなお付き合いに駆け引きはいらない。

「た、多美さ～ん。聞いてください。私、好きな人ができました～」

と、きよちゃんが言った。

「えっ、どんな人？　それはまあゆっくり聞くとして、まずはよかったね～」

「ありがとうございます。それで、どうしたら『お付き合いしてください』って言ってもらえるんですか？」

「今までのプログラムを実践して、明るく元気で素直でいれば、きっと彼は言ってくるよ。きよちゃんから詰め寄ったら嫌われるよ」

「大丈夫ですかね？」

「大丈夫だよ。縁があれば一緒になるし、駆け引きも何もいらないよ。きよちゃんは今日まで十分、自分自身を高めてきたでしょう？　だから、自信持って！　これからの人生も同じようにハーモニーリッチにルンルンで生きていくんだから。何度でもいい出会いが訪れるから、一人のリッチな彼が現れても焦らずに、じっくりと検討するくらいの余裕が欲しいね」

「はい、わかりました！、ゆったりと待ちます」

「ここで教えたことはすべて、きよちゃんがきよちゃんらしく自分を大切にして、そして、大切にしてくれる人と健全な出会いをするための下準備だったの。だからそのような人が現れて付き合うというのは、公式に基づく必然なの。教えたように楽しく毎日暮らしていけば、一生素敵な出会いの連続になるからさ！」

「多美さんの中ではハーモニーリッチな未来がゆるぎなく確定してるんですね」

「その通り！」

**Today's Lesson**

**プログラムを淡々とこなしていれば、**
**必然的にお金持ちの彼が現れる。**

day 66

# 危ない男性をチェックする方法。

## あなたを食い物にしようとする男がいます！
## こんな彼にだまされていませんか？

「その好きになった彼が、ちょっと怪しそうなんです」

と、きよちゃんが話し始めた。

「彼、高級車に乗っていて本当のお金持ちだと思うんですけど、事業を始めるに当たってどうしてもお金が足りない。すぐに返すから貸してほしいって言われて…」

「それはアカン！　私は林さんの奥さんから『ブランド物や高級車、肩書きに乗せられて、ヘラヘラしっぽを振って行ったらアカン！　それを安物女というんや』とよく忠告されたわ。彼の目的はもしかしたら、きよちゃんのお金かもしれないし、体かもしれない」

私はまたノートから1枚の紙を抜き出して、きよちゃんに渡した。

「これを押さえておけば安心だからね！」

## 危険な男の口癖、行動パターン

・すぐに、知り合いや親戚にお金持ちや有名人がいるなどと言う。
・「資産は何億」などと言う。
・別荘や海外旅行によく行くことを話す。
・バックグラウンドを明かさない。
・「何億の仕事が入った」という発言を繰り返す。
・初め数回のデートでは高級な店に連れていき、あるとき突如、お金を貸してほしいと言う。
・経費でデート代を落とそうとする。精算時に「領収書をください」と言う。
・家族や友達を紹介しない。
・会社勤めなのに、それらしくないスーツや服を着ている。
・勤務先の詳細、所在地を明かさない。
・約束を守れない、ドタキャンが多い。
・酒癖が悪い。
・ギャンブル好き。
・なんでもメールで済まそうとする。誠意が感じられない。

・「ずっと一緒にいたい」とＡＴＭにまでついてくる。
・「きみは美しいから、○○を買えばもっとよくなる」などと商品を買わせる。
・車に怪しい雰囲気が漂っていて汚い。整頓されていない。
・車内に怪しげな雑誌など不可解なものがあり、あなたが乗ろうとするとあわてて片づける。
・自分の家に招かない。
・自分の休みの日を教えない。

「怪しい行動、怪しい雰囲気の〝自称リッチ〟には十分気をつけたほうがいいよ。結婚すると言い寄ってきて巧みにだまそうとする人もいるから！」

「はい、気をつけます」

きよちゃんもまだまだ勉強中だ。

**Today's Lesson**

**危険な男のチェックリストで、怪しい男はしっかり排除しよう。**

day

67

# 今のあなたには、実らなかった恋を蘇らせるパワーがある！

**時期が変われば流れが変わってる、変わればきっといいことがある！**

相変わらず出会いがない、と嘆いている恵美子ちゃんに私は言った。

「しばらく会ってない、ふと思い出した友達や元カレに連絡してみるのもいいよ。相手の近況がよくわからない場合だったら電話よりもはがきを一枚、『どうしていますか？』『お元気ですか』とか書いて送ってみるといい」

「実は私、まだ前カレが気になってるんです。彼がいまだに心に引っかかってて、次の出会いがないのかもしれません」

「だいぶ前に出会っていたけど、なんだか忘れられない人とか、別れても気になる人とか。力まず、〝軽く電話してみよ～〟くらいの雰囲気でいくと、いい展開になる場合も多いよ」

「なんかやっぱり気になるんです。ぼ～っとしていると彼のこと思い出したり…。ちょっと連絡してみます。自分で会社を立ち上げるからってバタバタになって別れたんです」

「うん、連絡してみたら。いいことあるかもよ。時期が変われば流れが変わってる。今は楽しいプログラムが進んで、恵美子ちゃんもいい感じに変わったでしょう！　自分が変わればきっといいことがあるよ！　私の知り合いも、ふと前の職場の同僚に電話をしたら、『友達のお別れパーティーをするから来ない？』って誘われて遊びに行った。そのパーティーに来ていた男性が彼女を好きになって、ハーモニーリッチ婚になったことがあったよ。思ってもないところにコロッ☆コロッといい出会いがあったりするからさ」

「じゃあ今、勇気を出して電話します！」

　しばらくして戻ってきた恵美子ちゃん。ほっぺを赤くして顔をほころばせている。

「どうやった？」

「予想外に会話がはずんで『会いたい』って言われました。でも1カ月後にイタリアに行くみたいですけど」

「よかったね～。恵美子ちゃんもこのプログラムをこなして、ハーモニーリッチマグネットの磁力を一日一日、強力にパワーアップさせてきたからだよ～！」

「占いもしないし、お金も大切にするし、美容も楽しむし。そして本もたくさん読むし。以前の自分とはまったく違います！」

Today's Lesson

**最近会ってない友人や元彼と連絡を取ってみる。**

day 68

# 電話・メールは、シンプルに美しく、温かく。

## デコデコしすぎない。相手の都合を考えて。

「多美さん、彼と電話で話したりメールしたりするときに注意することってありますか？私、相変わらず夜中に暗い電話したりしてて…。そういうの、もうだめですよね」

と、恵美子ちゃん。

「うん、そうやね〜。彼に電話やメールをするときは必要な用件だけ話して、できるだけ悩み相談とかディープな話をするのはやめておいたほうがいいよ。メールもデコラティブな絵文字をたくさん使うと遊びのように思われるし。多少のハート、☆、♪などはいいけど、絵文字が多すぎるのは『文は体を表す』の通り、子供っぽい印象を与えるでしょう」

「絵文字マニアでした！（笑）」

「ハーモニーリッチな風を人生に吹かせたい、よき関係を築きたいと思うなら、丁寧で大人っぽいメールや文を書いてみよう。文面からにじみ出る、恵美子ちゃんの自立した強い心が大切なんやから！」

「メールは子供なんですけど、会ってるときは、以前の〝助けて〜〟みたいな私じゃない、って彼も言ってくれました♪」

「いつも鉄のような女でありなさい、と言ってるわけではないよ。電話やメールで悩み相談や暗い話をするのは相手にも〝しんどい人〟という印象を与えるでしょう。そういうのは心が打ち解けた頃に、会って少しずつ話すようにしていけばいいし」

「会社社長の妻になるのに、求められるものって何ですか？」

「彼が求めているのは、強い伴侶。いわば、ビジネスパートナーであり、親友であり、相棒であり、恋人であり、妻であるのよ。彼が仕事のできる人ならなおさら、あなたに求めるものは、強い自分を信じる、根拠なき自信に満ちた女性。男は付き合う女によって才能が開花されていき、ますます成功していくんだから。恵美子ちゃんの今現在の収入や年齢なんて関係ないの。彼をなんとしても支えていく、という心構えが、一緒にハーモニーリッチな人生を歩んでいける！　という彼の確信になって、結婚を決める大きな要因になるんよ。前みたいにふらふらして、どうしたらいいのかわからない、とか、いつになったら結婚ができるの？　とか、主体性のないあやふやな考え方では、いつになっても恵美子ちゃんの魅力が伝わらない」

「根拠なき自信ですね！（笑）」

「そう。しっかり自分の生き方に信念を貫く、という堅い自立した意志が、彼を招き入れることを忘れないで」

「じゃあ、電話はかけちゃだめ？」

「電話をかけるのはいいよ。ただ、ハーモニーリッチ婚した女性たちに聞くと、自分から用事もないのに電話をすることはなかったみたい。できるだけ相手の仕事の都合を考えてる。電話をする場合は、例えば、待ち合わせに遅れるとか場所がわからないとか、連絡が必要なときのみで、大事なことは電話やメールではなく、二人で会ったときに話すようにしてたみたいよ」

「電話で追いかけまわすのは、もうやめます～（笑）」

## 愛される電話のポイント

・用件（いつ、どこで、何をするか）を簡潔に。
・電話をもらったときは、それに対するうれしさを伝える。
・次に会えることを楽しみにしていると伝える。
・お仕事、楽しんでね☆　と一言添えるようにする。
・今日はいい日になるよ！　と励ます。

## 電話で話さないほうがいいこと

・悩み相談。
・ペットの話。
・体の不調。
・前のデートで不満だったことを話す。
・相手から電話がない、と怒る。
・終業や帰宅の時刻を聞く。帰宅したら電話して、などと頼む。
・来るときにプリンを買ってきて、など買い物を頼む。
・面倒な話は電話やメールで解決しようとしない。会って話す（結婚後、会話のない夫婦になってしまう）。

## 愛されるメールの書き方

・デートに誘われたとき。
○○さん、誘ってくれてありがとう！
土曜日は10時なら大丈夫です。
おやすみなさい。

○○子

○○さん
お迎えに来てくれるのね、ありがとう。
土曜日楽しみにしています。
○○子

このように控えめに用件だけで済ますようにする。
過度に反応して「デートわくわくです!!」とか「とってもおしゃれしまくり」などと書くのはやめておこう。

Today's Lesson

メールはデコラティブにしない、ズバリ用件を簡潔に書く。

day
69

# ハーモニーリッチは超スピード婚！

## 忙しいお金持ちには、同棲している時間がもったいない！

「付き合ってから結婚するまでって、どれくらいの時間をかけるのがいいんでしょうね？」

と、彼とうまくいってそうな雰囲気の恵美子ちゃん。

「ハーモニーリッチ婚カップルは結婚まで早い人が多いよ。私は超スピードで、付き合ってから8カ月やし。林さんの奥さんも1年ぐらいで結婚してたなあ。その間は同棲する暇も、毎日べたべた会う暇もないぐらい。リッチに成功している彼なら毎日のように会う時間はないかもね」

「そうなんです～、最近は会社の立ち上げで一番大変な時期みたいです」

「それでも休日は、恵美子ちゃんに会うことを楽しみしていて、レストランやいろんな場所でデートしてるんでしょう？」

「すごい楽しみにしてくれて、大切にされてます…。同棲したほうが、いろいろと彼を助けてあげたりできるんじゃないかあ～って思うんですけど」

「ハーモニーリッチ婚カップルで同棲した人はあまりいなかったな。できる男の人ほど迷いがなく、この子しかいない！　と思うと、いきなり真剣モードに入って、さっさと結婚を前提にしたお付き合いを始めるみたいよ」

「そうそう、すぐ決断しますよ。前は私がずるずるしてたから、会いたくないって言われたんです。今は私が変わってしっかりやってるから、すごくうれしいみたいです」

「ずるずるした関係は時間やお金の無駄、と考えるから、さっと結婚を決めるみたいよ。同棲をするというのは、あまり考えないみたい。彼は恵美子ちゃんを全面的に信頼して、きちんと恵美子ちゃんを家まで送り届け、大切にお姫様のように扱ってくれてる？」

「はい、そんな感じです～」

「よかったね。お付き合い中なのに大切にされない、という場合は、この先も大切にされる可能性が非常に少ないからね。それはいくらリッチでもつらいよ。やっぱり時間と自分自身を大切にしてくれる彼を選ばないとね」

**Today's Lesson**

**あなたが主役。彼が成功しているリッチでも、自分の人生の時間を大切に。**

day 70

# 絶対にお酒に酔ってはいけない。

## お金持ちの彼は、経営者の視点であなたの飲み方を見ています。

「前みたいに2時、3時まで、飲みに行くのはやめました」

「本当に、やめてよかったね。デートでもお酒の席では、絶対に意識を失うほど飲んではだめ。下品だし、身の安全のためにも、**女の子がお酒にのまれてしまうのは、ハーモニーリッチ婚から非常に遠いこと。**お酒癖が悪い女性でハーモニーリッチ婚した人はいないよ。お酒が好きでも、お付き合い程度にしておこう」

「彼もお酒を飲みますけど、やっぱりほどほどでやめてるなあ〜」

「朝帰りの好きなパーティーガールと勘違いされ、確実に結婚はなくなります。彼が飲むことを勧めてきても、ほどほどに。ある友人のお金持ち男性はお酒が大好きなんだけど、彼女がお付き合い程度しか飲まないのがわかってから結婚を決意したんだよ。お酒を飲まなければストレスがたまる、といった女性では、資産数十億という会社のお金を預けることはできない、と思っていたみたい…。彼女がお酒好きだと車を運転する人がいない、とまで考えていたそうだよ（笑）」

「そんな裏まで見てるんだ、さすが経営者ですよね。それぐらい見抜けないと会社を経営するなんて無理ですもんね」

Today's Lesson

お酒はほどほどに。
ほどほどが無理なら禁酒！

day 71

# 結婚しても、自分の仕事や趣味は続ける。

## 自分らしくキラキラ輝いているから、彼は結婚したいと思う。

「私、来週から復職することにしました。今度はできるだけ9時までに寝て、規則正しい生活を送りますね♪」

と、恵美子ちゃんが私の家まで報告に来てくれた。

「そうだね、どんなリッチな彼ができても、恵美子ちゃん自身の人生を大切にしてね。仕事、趣味をできるだけ優先して。結婚が決まったら彼と相談して、仕事のことをどうするか話し合えばいいし。結婚後も仕事をしたいなら続ければいいし」

「今をしっかり楽しんでいくっていう生き方がすごくよくて、薬もいらなくなりました。本当に多美さん、ありがとう。よく連れていってくれた焼き肉とレバ刺し攻撃で、貧血もよくなりました」

と、恵美子ちゃんが泣いている。

「大丈夫だよ。私が元気なのもモリモリ食べてるからだよ。恵美子ちゃん、ここ2週間くらいで急に元気になったんじゃない？　今は自分の趣味や仕事を楽しんでイキイキとやったらいいよ。そんな恵美子ちゃんを見て、『この人なら僕と一緒にやっていけるんじゃないか』と彼は思うんだから！」

「はい、自信持ちます」

「私の場合は、結婚してからも、出産2週間前になっても、片道1時間30分の通勤を楽しんで仕事をしてたよ。『もうやめたら？』って言われても仕事が楽しいからやめられなくて。主人いわく、結局、理想の結婚相手は働き者、ということだったみたい。会社を30年以上も継続させるには働き者の奥さんが不可欠だからだって。恵美子ちゃんも今の仕事や趣味を楽しもうね」

「彼も、そして自分自身も支えるために一生懸命働きます」

**Today's Lesson**

働くのも好き、趣味も好き、彼も好き、自分も好きで、ハーモニーリッチ婚が続く。

day 72

# 彼とのお付き合い、心から楽しめていますか？

**楽しめないなら、すぐにやめよう！**

**また次が見つかる、という自信を持とう！**


「恵美子ちゃん、彼と付き合ってて楽しい？」

「はい、とっても楽しいです！」

「きよちゃんは？」

「う～ん、ちょっとわからないです」

最近、きよちゃんは少々怪しめの彼と、ときどきデートをしているらしい。

「やっぱりここからは、楽しいか楽しくないか、好きか嫌いか、だけを大事にして付き合うようにしたほうがいいね。彼にお金があるから、高級車だから、プレミアムなカード会員だから、などという見た目に惑わされて付き合うのはやめておこうね」

「見た目で惑わされてる…。う～ん、それビンゴかなあ～」

「そう思うなら、きよちゃんと彼、二人の時間の無駄だよ。ここでずるずる好きでもないのに付き合っても、本当に心から愛し合う夫婦になるのは難しいよ。大丈夫、正直で思いやりのあるきよちゃんには、ステキでハーモニーリッチな彼がまたすぐに現れるよ！」

「会うのはやめようかな。ありがとうございます、お金とか見た目に振り回されずに、次がすぐあるって思える自信も大切ですね！」

Today's Lesson

ずっと何十年後も豊かな関係でいられる、そういう確信を持てる相手と付き合おう。

# day 73 占いの結果を気にする必要はない。

## 神様は私たちを豊かにしようとしているのに、素敵な願望が叶わないはずがない！

今日はベネチアンで、千春ちゃんの婚約披露パーティーだ。恵美子ちゃんは銀行に復職し、半年ほど勤めて、前彼と結婚することになった。イタリアに住む予定になったと報告してくれた。きよちゃんは元気いっぱいに、二人におめでとうと言っていた。

「きよちゃん、その調子。ウキウキと楽しく生きていれば、何度でもきよちゃんはステキな人に出会うから。必然的な出会いが繰り返されることは間違いないよ」

「でも実は私、こないだ占いに行ったら『前世からの宿命でこの人生では結婚できません』と言われたんです」

「そんなの嘘だよ！　きよちゃんの『ハーモニーリッチ婚したい』という素敵な願望が叶わないはずがない。前世から決まっているとか、ひどいよ。願望を抱いて、それに向かって努力して達成しようとしてるのに、その幸せを望まない神様なんて偽物じゃないの？　**神様は私たちを豊かにするために、無償で水も空気も太陽も与えてくれているのに、きよちゃんにだけ幸せを与えないなんて、あり得ないよね？**」

「ないと思いたいです。でも最近、このプログラムをしていても、その占い師に言われたことが引っかかってたんです」

「きよちゃんは豊かに愛もお金も手に入れて幸せになれると私は信じるよ！　そういう豊かな神様のほうが、本物ではないかなと思うねん！」

「そう言われればそうですね。私もそう思います！」

「きよちゃんは実際、水も空気も太陽も豊かに享受しているわけやし、占いとか前世とかちょっと置いておいて、この豊かな今を楽しもうよ。そうやって苦しんでいるきよちゃんを、神様もご先祖さんも家族も喜ばないよ☆　気にしない、気にしない！　あわてない、あわてない♪　**自分らしく楽しく情熱を持って動いていると、何度でも熱い出会いを果たすからさっ！**」

Today's Lesson

誰がなんと言おうとハーモニーリッチになれる！　占いの結果を真に受けない。

# day 74
# ハーモニーリッチな仲間をつくろう！

## お互いに刺激し合える、いい意味でのライバルを持とう。

「大丈夫だよ、きよちゃん。きっとハーモニーリッチな出会いが訪れるから。『出会わなきゃ』と思うと焦ったりつらかったりするけど、このプログラムが普通の日常になってくれば、そういう思いもなくなってくるから。どっしり構えて迷わずに楽しく生きる！　100%そういう状態になったときに、彼はひょっこり、きよちゃんの隣に座っているって。『あれ、あなた、いたの？』っていう自然な具合にさ！」

「今まで肩の力が入って、期待ばかり膨らんで、結果ばかり早く、早く、って求めすぎてました。それって自然じゃないですよね。**そのうち出会うだろう、と大きく構えていると、安心してほっこりしてきました。肩の力もどんどん抜けていく感じがします**」

「一人でも楽しいから二人でも楽しいんだよ。寂しいと思ったり、探しまくるっていう考え方や生き方ってもう、見ただけで〝アイムソーハングリー〟って感じ。いくら美人でもしんどいよね。このプログラムはそれに気づいてもらうためでもあったんだよ。今回は恵美子ちゃん、千春ちゃん、仁美さんという仲間がいたからお互いに学べることも多かったはずだよ」

「一人でやっていたら気づくことも少なかったと思います。今回はこのプログラムで4人分の気づきや学習をさせてもらったと思うと、仲間がいたのはありがたいことですね」

「そう、そうやって『あの人いいなあ～』『勉強になったな～』と思って生きるだけで、醸し出す雰囲気が豊かになるやん？」

「本当に。いい仲間に出会えたことが一番ありがたいことだったかも！」

**Today's Lesson**

## プログラムの効果は、仲間と学び合うことで飛躍的に高まる！

# day 75

# ハーモニーリッチは永遠に続く。

## プログラムを自分の都合で勝手に解釈しない。

　千春ちゃんの婚約パーティーが終わり、次の日、仁美さんとベネチアンで食事をすることになった。そこに、きよちゃんが血相を変えて小走りでやってきた。

「た、多美さん！　大変、大変なんです〜」

「えっ？　どうしたん？」

「私、妊娠しました、どうしよう！」

「え〜っ！　誰？　あの怪しいリッチマン？」

「そうなんです。どうしよう…」

「連絡つくの？　なんていう名前」

「平塚慶さんです」

「えっ！　その人、もしかしたら平塚さんの息子さんじゃないの？　息子さんもお父さんもうちに治療に来るよ。『平塚インダストリー』っていう精密機械のトップ企業だよ」

　と、仁美さん。

「え～っ、本当にドラマってあるんだね」

「ま、とにかくその人に会って事情を話すべきよ」

何はともあれ、松田さんの患者さんが彼のお父さんだということで、きよちゃんはほっとしたようだ。


3日後…。

「多美さん、私、結婚してくださいって言われました。どうしよう。跡取りが欲しいからと言われて…」

「それ、真剣なん？」

「はい、真剣です。私、結婚します」

「わかった。きちんと覚悟決めてるなら言うことないよ」

「半年後、リッツ・カールトンで結婚します！」

「よかったね。ハーモニーリッチ婚を楽しんでね！」


みんなそれぞれの道を歩いていった。

「これからは夫と二人でハーモニーリッチを実現するプログラム、お願いしますね！」

と、恵美子ちゃんからEメールが届いた。千春ちゃんからは電話があった。

「多美さん、私、ニューヨークに行きます」

「えっ、なんで？」

「デザインの勉強をし直そうと思います。結婚はもう、いいです…」

「何、言ってんの？　そういうことは私に相談する前に、田丸さんとちゃんと話したほうがいいよ」

「はい…」

「**彼を支えていきながら、自分のやりたいことも諦めない。結婚と自分自身を両立していくのがハーモニーリッチ婚**。さあ、ここからやで！　結婚だってゴールじゃない、自由がなくなるっていう自分の思い込みが、そんな勝手な決断になるねん」

「えっ⁉　私の勝手な思い込み？」

「そう、その思い込みが結局、望んでない後悔の人生になって返ってくるから。田丸さんのこと愛してるなら、自分が一番幸せで、彼も同じように幸せになれる、お互いの〝幸せの中心〟を見つけてみて」

「お互いの幸せの中心？」

「そう、自分らしく素直に生きることやね。今までネコかぶってたから、こんな土壇場になってやめますとか言うのよ。お金持ちに好かれたいとか言って、本当の自分隠してたでしょ？」

「そうかもしれません…」

「とにかく今日は全部自分の心の内を話して。あまり思い詰めなくていい。家にいたってNYに接点を持つことはできるし。そんなアイディア、考えたことある？」

「結婚したら自分自身は何もできないと思っていました。家にいながらNYと接点を持つって、そんなこと考えもしませんでした。でも…」

　と、しばらく考えていた千春ちゃん、

「インターネットでデザインのコンペに出ることもできるし、オンライン受講もできます。やれることはいっぱいあるのに、結婚したら全部無理、みたいに可能性を否定していました。いずれ行くことは叶うと思います。まずは田丸さんと本音で話をしてみます」

「そう、それがハーモニーリッチ婚なんだよ！　ここから始まるからね、楽しんでね！」

あ～よかった。でも千春ちゃん、本当にわかってくれたかなあ…。

よーし、また明日から次のレッスン開始やね！

ものの芽の
空気の層を
押しひらく

俳句：金蔵院 菜子 イラスト：山口 珠瑛

芦澤多美（あしさわ・たみ）

小学生の頃より25年以上にわたる研究実践をもとに、男性の作った成功法則とは違う、女性の視点に立った成功法則ハーモニーリッチプログラムを見出す。ニューヨークに 4 年間留学後、そのプログラムを実践し、結婚。インターナショナルビジネスを手掛ける企業の日本代表兼副社長に就任。子育てを楽しみながら就任当初より収益を大幅に増加させる。現在はお金持ちと結婚に関する講演などでも活躍。そこから多くの成功者が続出している。著書『億万長者マダムの秘伝レッスン　お金持ちと結婚する方法』（マガジンハウス）は海外でも翻訳された。他に『愛とお金をもたらす“出会い”のルール』（大和出版）がある。

芦澤多美オフィシャルサイト

☆楽しいLOVEハーモニーリッチの世界へようこそ☆

セミナーCDの購入や「あなたはハーモニーリッチの会」（年会費・無料）のメールマガジン登録をすると新刊・CDの情報、大人気の講演・セミナーの情報をいち早く入手できます。億万長者マダムの秘伝レッスン、ハーモニーリッチの秘訣や、心が軽くなる励ましのメッセージも♪　www.ashisawatami.com

＊この本で紹介した商品情報は、2010年12月28日の時点で調査したものです。その後、取り扱いのなくなった商品についてはご了承ください。

億万長者マダムの秘伝レッスン
お金持ちと結婚するための75日間プログラム

2011年1月27日 第1刷発行

著者 ――――― 芦澤多美
発行者 ―――― 石﨑　孟
発行所 ―――― 株式会社マガジンハウス
〒104-8003　東京都中央区銀座3-13-10
電話 ――――― 書籍編集部　03-3545-7030
受注センター　049-275-1811
デザイン ――― 細山田光宣+奥山志乃
(細山田デザイン事務所)
印刷、製本 ―― 株式会社リーブルテック


ISBN978-4-8387-2223-5 C0095